BIG TALK

ビッグトーク

「大それた夢」も現実にする言葉の習慣

シンペイ サトウ／スティーブン メディロス

すばる舎

はじめに

Welcome and congratulations!　……ようこそ。そして、おめでとうございます。

これこそ、私たちが今、あなたに伝えたい言葉です。

本当にあなたには行動力があるし、その行動力に対して心からの敬意を表明したい。そして私たちは、あなたに対し、深い感謝の思いでいっぱいです。

いきなり祝福と感謝の言葉を告げられて、あなたはとまどっているかもしれません。

しかしあなたは今、それだけすごいことをしています。

いったい、何をしたのでしょう？

この序文を眺めている現在、あなたは本屋さんで本書を手に取ったばかりかもしれません。あるいはすでに本を購入して、最初から読み始めているところかもしれません。

本は購入したものでなく、誰かに借りたものかもしれないし、別の本と間違えて開いただけかもしれません。もう数分もしたら、あなたは本書を閉じて、二度とお会いすることはないのかもしれません。

それでも、今、あなたはすごいことをしているのです。

世の中には「豊かな人生を築きたい」とか、「何か自分を幸せにしてくれる目標を達成したい」と考えている人が大勢います。

ところが多くの人は、人生を豊かにする方法を知るために時間やお金を投資することを、あまりよしとしていません。

人は誰でも幸福を目指すべきだし、そのための努力をすべきでしょう。しかし、そのために「誰かの話を聞いてみよう」とか、「本を読もう」と考える人はほとんどいないのです。

誰もが、病気になったら医者に行ったり、薬局で薬を買ったりするのに、「人生が豊かではない」という状況に対しては、何もアクションを起こさないのが普通です。

ところが今、あなたはそんな世の中の風潮を打ち破り、人生を変えるためのアクションを起こしました。本書を読み始めたのです。

だからこそ、本書の著者であるシンペイとスティーブンは、まずあなたに感謝し、祝福の言葉を伝えたいのです。

本当に、ありがとうございます。そして、おめでとうございます！

私たちはこれから、願わくば本書を通じてあなたの内面と真剣に向き合い、あなたの抱える悩みやフラストレーションを解消し、夢の実現をアシストしたいと考えています。

本書の著者であるシンペイとスティーブンは、ともに人生の長い期間を通じて苦悩してきた人間です。

詳しい説明は2章に譲りますが、シンペイは大学時代に国指定の難病ベーチェット病を発症し、ほとんどの視力を失う経験をしています。

一方、日本国内で〝外国人〟として育ってきたスティーブンは、その生い立ちから「人を見返したい」という気持ちをなかなか手放せず、自らが本当に望んでいる生き方を見つけるまでに紆余曲折を経験してきました。

しかし現在は、シンペイは複数の外資系企業で要職を歴任し、順調なキャリアを積んでビジネスパーソンとして成功しています。

スティーブンも起業家として、また経営コンサルタントや投資家として成功しており、いわゆる

「富豪」の仲間入りをはたしています。

同時に、2人とも理想的な人生のパートナーにも恵まれており、愛する家族や仲間に囲まれた幸せな人生をエンジョイしています。

一般には〝マイナス〟と捉えられがちな位置からスタートした私たちは、どのようにして〝夢〟として思い描いた人生を実現させたのか？

これこそが、本書で私たちがあなたに提示する問いです。

答えは、難しいことでも何でもありません。

人間が生まれもって脳に備えている能力を、効果的に活用したこと。

私たちがしたのはそれだけです。

誰にでも実行可能ですし、どんな障害・ハンディキャップを持っていようが、どんな悪条件の下に生まれていようが、人生を大逆転させることは可能です。あなたが何歳であっても、あるいはどんなコンプレックスを持っていても、まったく問題ありません。

ごく普通の能力の人間、あえて言えば「凡庸」だった私たちが、困難な状況にもかかわらず現在の〝夢の人生〟を実現できたのは、本書で提唱するノウハウを実直に、コツコツと、辛抱強く続けてきたからです。

あなたも結果を急がず、まずは本書を頭から終わりまで読み、その内容を吟味したうえで、自分の人生にどうしたら活かせるかを真剣に考えてみてください。

あなたにはぜひ、この先の人生を、新しいステージへと進めてほしい。

みなさんとも人生の喜びを分かち合いたい——私たちは、本心からそう願っています。

●父親・メンターとしての佐藤富雄

シンペイが恵まれていたのは、脳科学の専門家であり、多くの自己啓発書を著して講演家としても活躍していた父親、佐藤富雄の下で育ったことでしょう。

彼は「口ぐせ博士」としても知られており、2012年に亡くなるまで、夢を具体的な言葉にすることで実現の可能性が高まる、という成功理論を一貫して説いてきました。

スティーブンとシンペイは幼馴染みで、スティーブンは学生の頃から佐藤家によく遊びに来て、シンペイとともに父の理論に触れるようになった、という家族同然の間柄です。

お互いに悩みを抱える若者だった私たちは、ことあるごとに2人で将来の夢や理想を語り合い、挫折しそうなときには支え合いながら、佐藤富雄の成功理論を実践し、ときには発展させ、そしてお互いの人生を飛躍させてきました。

彼が世を去ってからおよそ10年が経ちました。その間、私たちはずっと彼の理論を実践するとともに、自分たちなりの改良をし続けてきました。それが結実したのが、今回、**「ビッグトークの法則（Big Talk Method）」**と名づけて公開する私たちの新しい理論になります。


世界は感染症の大きな被害を受け、新しい夢が必要な時代になっています。

希望を見い出しにくい時代だからこそ、夢や理想を言葉にすることに大きな意味があります。また、そこから始めなければ、結局、世界は何も変わりません。

当然ながらあなたの人生が、大きく変わっていくこともないのです。


私たちは、幸いなことに自分たちがかつて思い描いた人生を手にすることができました。

今度は、父であり師であった佐藤富雄がしていたように、自分たちの方法論を世間に公開することで、より多くの人に幸せになってもらいたいと考えています。それが、私たちが本書を書くことを決意した理由です。

新たな人生の扉を開くことを、ここで決意してください。

これまでのあなたの人生にあった苦難は、みな単なる通過点です。あなたの本当の幸せは、今、この瞬間から始まるのです。

あなたに出会えたことに対し、もう一度、感謝の言葉を伝えさせてください。
本書を手に取っていただき、大変ありがとうございます。
ぜひしばしのお時間をいただき、本書を楽しんでいただけたら、と願っています。

シンペイサトウ
スティーブン メディロス

Contents

Chapter 3

自分と向き合い欲張りな人生をデザインする

Chapter 4 ネガティブな感情も味方につける

Chapter 5 ビッグトークでモチベーションや脳への情報入力を管理する

Chapter 6

恐れずに実行する

Chapter 7 夢の実現のその先へ

ブックデザイン　西垂水敦・市川さつき（krran）
執筆協力　中川賀央
編集担当　菅沼真弘（すばる舎）

Chapter

1

欲張りな人生は ビッグトーク（Big Talk）で 実現できる

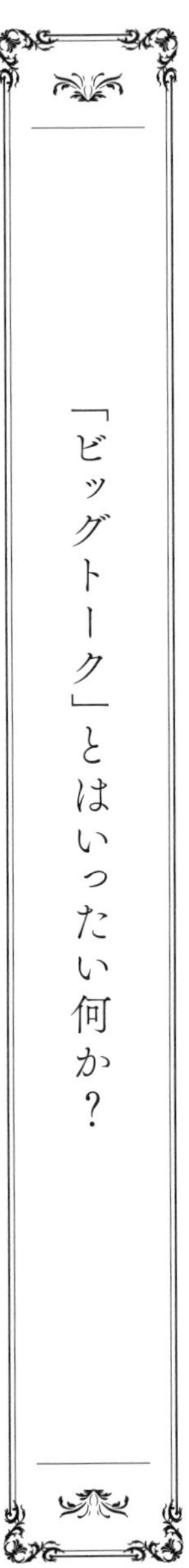

「ビッグトーク」とはいったい何か？

●バディとともに夢をかなえろ

「大丈夫、あなたが考えていることは、ゼッタイにうまくいくよ」
「今日は大変だったね。でも明日は、今日よりもずっと素晴らしい日になるはずさ」
「まだまだあきらめる必要はない。君の夢は確実に実現に近づいているよ！」

たとえばあなたが何かに失敗し、落ち込んで、目標の達成をあきらめそうになっているとき、必ずこのような励ましの言葉をかけてくれる仲間がいたら、人生はどんなふうになると思いますか？

読者のみなさんの中には、すでにそうした存在が身近にいるという方もいるでしょう。たとえばパートナーだったり、親友だったり、仕事の同僚だったり……。そういう人が身近にいるのであれば、それは理想的で幸運なことです。ただ、仮にそういう相手が今はいないとしても、心配は無用です。どのようにそういう相手を見つければよいかは、本書でじっくりと説明していきます。

「仲間」と、とりあえず表現しておきますが、人生で壁にぶつかって夢が挫けそうになったときでも、その都度、私たちに冒頭のようなポジティブな言葉をかけることで、夢実現への正しいルートに戻してくれる仲間。そんな存在が身近にいれば、将来の夢や仕事上の目標、あるいは恋愛、趣味まで、あらゆる希望が実現し、人生はどんどん素晴らしいものになっていくでしょう。

このように夢や願いごとをお互いに語り合い、つねにそれらが実現するように支えてくれる仲間のことを、私たちは「**バディ（Buddy）**」と呼んでいます。

ただしバディ同士は、何でも協力する・助け合う関係ではないことに注意してください。行動で助けたり、金銭の援助をしたりするのではなく、もっぱら言葉でお互いの脳を刺激することで、自動的にお互いの夢をかなえさせる、という関係です。

またその相手は、必ずしも頻繁に会っている、距離の近い存在とは限りません。たまたまそのとき、あなたの人生の中で側にいた人が、あなたの背中を押して一歩を踏み出す勇気をくれる言葉を発することもあります。

●互いの夢や目標を語り合う

そして、そんなバディとの間で行う、夢を実現させるための会話こそが、私たちが「**ビッグトー**

ク（Big Talk）」と名づけたものです。

ちなみにBig Talkは、自然な英語には存在しない複合語です。Big Mouth（ビッグマウス：大ボラふき）のBigと、Talk（会話・会話する）のふたつをかけ合わせた造語です。

本書の著者であるシンペイとスティーブンは、若い頃から夢を語り合ってきたバディであり、それぞれが挫折しそうなときにはお互いに励ましの言葉をかけ合い、また頻繁にビッグトークを行うことで、それぞれの夢を実現させてきました。

本書の目的のひとつは、**あなたにもそんなバディを身近につくってもらい、バディとのビッグトークをとおして、胸の中で秘かに思い描いていた夢や目標を実現してもらう**ことです。

それはどんな人にも可能なことですし、内向的な性格であるとか、いま現在パートナーや友人に恵まれているかどうかも関係ありません。

逆に今、友人やパートナーに恵まれていたとしても、その人たちがあなたの夢や目標を実現させてくれるバディになっていないのであれば、あなたの夢や目標はそう簡単には実現しないでしょう。そういう状態にある人は、改めてバディをつくったり、周囲の人をバディに変えたりして、ビッグトークができる環境を用意する必要があります。

そのための方法と具体的な夢の実現方法について、これから詳細に語っていきましょう。

夢を現実にするのは言葉

●脳に秘められた願望達成の機能

まず、どうしてビッグトークによって夢が実現するのかです。

これは人と人との絆が生み出す奇跡……ではなく、もっと純粋に科学的な理由によるものです。

序文でも述べたように、私たちは父であり師でもあった佐藤富雄の影響を大きく受けています。

彼は生涯に一般読者向けの自己啓発書を１００冊以上も執筆した作家でしたが、その本分は医学、生理学、農学の博士号を持つ科学者でした。

一般向けに書かれた本にも、その背後にはつねに脳科学の研究に基づいた科学的な理論が存在しており、その理論の普及のために多くの本を書いていました。

その佐藤富雄の理論は、「言葉」を核心に置いていました。

人間の脳には、思い描く願望をインプットすれば、それを無意識下で実現させようとする「**自動目的達成装置**」とでも呼ぶべき機能が備わっていることが知られています。

ナポレオン・ヒルやジョセフ・マーフィ博士が説いたような古典的な自己啓発論から、現代の経営者が指南するさまざまな目標達成法、あるいは心理学者やイメージトレーニングの専門家が説く理論まで――もっと言えば、宗教の祈りであったり願いをかなえるための呪文、はたまたスピリチュアルな方法論で潜在意識を変えるいわゆる「アファメーション」と呼ばれる手法など――世界中のあらゆる成功理論や幸せになるための方法が、この脳の機能・自動目的達成装置を利用していると佐藤富雄は説きました。

その詳細は本書の3章で解説しますが、この自動目的達成装置に願望をインプットする手段として、言葉、あるいはイメージが使用されるわけです。

紙に目標を書くことも有効ですし、佐藤富雄が特に推奨した「口ぐせ」も、言葉によって目標をセットするためのひとつの方法です。

そのため、「うまくいくぞ」とか「こういう夢が絶対に実現する」といった言葉は、1人で口ずさむのでもいいし、紙に書くのでもかまいません。脳にその願望がインプットされさえすればよいので、方法はあまり問題にはなりません。

●逆回転を防ぐことが重要で難しい

ただし、私たちは、**絶えず自分の脳の自動目的達成装置に目標となる言葉をインプットし、設定のし直しをしなければなりません。**

どんなに優れた人でも、大きな夢や目標が簡単に実現するわけではありません。困難な状況にぶつかることもあれば、思わぬ不運に巻き込まれることもあります。他人は私たちが望むように行動してくれるわけではありませんし、世界を襲った感染症や各種の災害のように、自然環境が私たちの目標達成を邪魔することだってありえるでしょう。

そんなマイナス局面を迎えたとき、人は誰でもネガティブな感情を持ってしまいます。「もうダメかもしれない」という不安だったり、挫折感だったり、あるいは恐怖や諦念だったり……怒りや哀しみを抱くこともあるでしょう。

これらの負の感情から生まれる「夢はかなわない」といった思考や、「もうダメかもな」といったふと漏らした言葉は、そのまま自分の脳に入力され、自動目的達成装置の電源をOFFにしてしまいます。

それどころか、「夢はかなわない」という言葉が目標としてインプットされることで、自動目的達成装置が逆回転し、無意識のうちに「夢がかなわない行動」を私たちに選択させ続けることにさえなってしまうのです。

そのため、本当に夢を実現したいのであれば、日頃から何度も、その夢を言葉として脳にインプットするようにし、日々のマイナス局面でいつのまにか逆の目標を設定されてしまった自動目的達成装置をつねに正しく設定し直す必要があります。


これは、ピアノに調律が必要なことに似ています。

ピアノは新品のときはいい音色ですが、使っているうちにどんどん音階がずれて、ついにはいい音が出なくなってしまいます。けれども調律を行えば、いつまでもいい音を奏でるでしょう。

ビッグトークも、口ぐせも、紙に目標を書くのも、正しく夢がかなうよう脳をチューニングする手段という意味では同じです。

ただ、現代という時代にあっては、ビッグトークという方法こそがもっとも効果的なチューニング手段になるはずだ、という確信が私たちにはあります。それこそが、本書でビッグトークの法則を世に問うた理由でもあります。

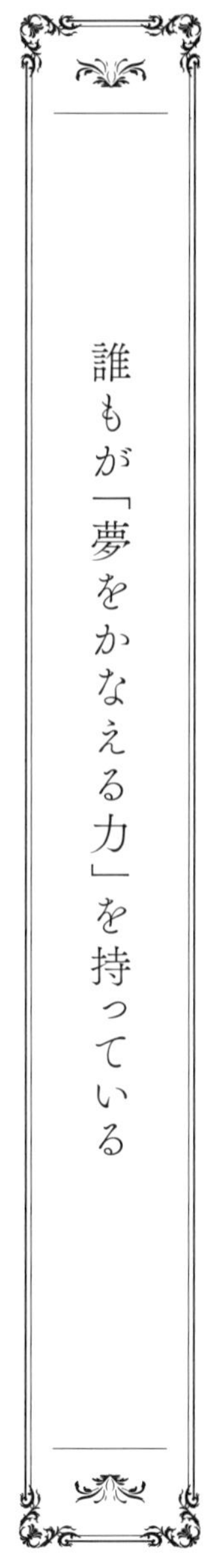

誰もが「夢をかなえる力」を持っている

●生まれつきの楽観主義者でなくても大丈夫

人は誰しも、想像を超えるくらい高性能な脳を持って生まれています。

いったい脳にどれほどのことができるのか、そのすべてはまだ解明されていません。もし脳のすべての機能を網羅したマニュアルがあったら、おそらくそれを人の人生1回で読み切ることはできないでしょう。

それくらい私たちの脳はハイスペックですから、その力を十全に引き出すことができたなら、あなたが今どんな境遇にあったとしても、そこから大逆転をして人生を成功に導くことなど、さほど難しいことではありません。

ところが、実際に人生の大逆転をする人が少ないのは、私たちが自らの脳の力を信頼し切れていないところに原因があります。

どんなに高機能な機械でも、電源スイッチがONになっていなければ何の力も発揮しません。先ほど説明したように、私たちはネガティブな感情や言葉によって、知らず知らずのうちに脳の機能をスリープ状態や逆回転状態にしてしまっていることが多いのです。

とはいえ、私たちがネガティブな感情を持たないようにするのは、かなり困難です。

たとえば1人で何か、仕事などの新しいチャレンジをしたいとします。このとき、年配の人は「自分はもう歳をとりすぎた」といってあきらめてしまいがちですし、若い人は若い人で「まだ、自分は経験が未熟だから」となかなか踏み切れません。

能力が足りない、人脈に恵まれない、まだタイミングではない、うまくいく自信がない……と、私たちは何かひとつの目標を実現するまでの間に、まったく不安や心配をせずに突き進んでいくことなど通常できません。

特に物ごとがうまくいかないときには、それでも自分を信じ切れるような強さなど、普通は持てないのです。

一方で、世の中には何があっても「自分は絶対に成功する」と信じて疑わない、根っからのポジティブシンキングができる人がごく少数ですが存在します。

彼らは困難に直面しても、決して自らの目標達成を疑わず、強い信念で成功をつかみとります。

そして経済的にも成功し、ほかの人にもそうなるための方法を教えたりします。生来の楽観主義でそれらを実現するのです。

もしあなたが、そういう特別なタイプの人物であるのなら、本書は不要かもしれません。しかし、そこまで強い楽観思想ができないほとんどの一般人が、彼らと同じことをしようとしても、できるわけがないのです。

本を読んだり、あるいはセミナーに行って成功者の話を聞いたりしても、著者や講演者と同じように成功する人が少ないのは、これが理由になっています。

一生かかってもマニュアルを読み切れないほど、脳には優れた機能があるのですから、あなたに合った使い方も必ずあるはずです。ごく小数しかいない生まれつきの楽観主義者向けの方法にこだわる必要はありません。

●バディは言葉だけの関わりでよい

ビッグトークの話に戻ります。

これは、私たちが厳しい境遇にあったからこそ、2人が協力し合って導き出せた「夢を実現させる方法」でしょう。

私たちは生まれつき成功者になることが決められているような特別な存在ではありませんでした。それどころか、特にシンペイなどは、病気によって普通の人よりも明らかに厳しい境遇に陥りました。

それでも、自分だけで夢を実現できなければ、人の力を借りればいいのです。

私たちは弱い存在で、ちょっとした困難にぶつかるたびに自信は揺るぎ、心が折れて、当初の目標から逸れそうになってしまいます。そのとき、単に「そっちに行ったらいけないよ!」と言ってくれる人間関係があればいいのではないか。それに気づいたことが成功への分岐点となりました。

必要なのは、目標達成に大々的に手を貸してくれる強力なパートナーではなく、自分が間違った方向に歩いているとき、ただそのことを教えてくれるバディです。

それくらいの人間関係なら、多くの人が簡単に結ぶことができます。

そのバディと率直に話し合うビッグトークを通じて、脳の自動目的達成装置に正しい言葉を入力し続ければ、一歩一歩、確実に夢の達成に近づけます。

私たちは誰もが、「夢をかなえる力」を持っているのです。

本書は〝絶望を知っている人間〟が書いた本です

序文でも述べたように、私たち自身、人生の中で何度か挫折し、絶望に打ちひしがれた状態に陥った経験があります。

●突然の難病に苦しんだ青春時代

シンペイについて言えば、生まれは非常に恵まれていたと言っていいでしょう。

ベストセラー作家であり「大富豪」を公言していた父と、元女優の母の間に生まれ、金銭的にはまったく不自由のない環境で育ちました。「名門」と呼ばれる学校に通わせてもらい、10代のうちから海外に留学することもできました。

しかし、ニューヨークの大学に留学していた20歳のとき、大きな転機が訪れました。

当時、シンペイは建築家になることを目指していたのですが、あるとき、なんの前触れもなく目が見えづらくなる症状が現れました。視力が急激に低下してきたのです。

怪訝に思いつつも、しばらくは病院に行かずにいたのですが、夏休みで日本に帰国したとき眼科で詳しく検査をすると「ベーチェット病」という難病にかかっていることが判明しました。

この病気は、本書執筆時点ではいまだに正確な原因がわかっていない、慢性再発性の全身性炎症性疾患です。特にシンペイのように目に症状が出た場合には予後が悪く、放っておけば多くのケースで失明してしまいます。

しかし、原因がわかっていないのですから、根本的な治療法もありません。当時はステロイド薬などを利用した対処療法が治療の中心となりました。

シンペイもどんどん視力が落ちていくのを少しでも止めるために、ステロイド薬の服用をしたのですが、副作用で脳の満腹中枢がおかしくなったのか、つねに飢えた動物のような空腹感を感じ、食べることを止められなくなりました。半年もしないうちに、50キロ台後半だった体重は98キロにまで増加してしまいます。

副作用によるむくみも生じ、全身に妊娠線に似た脂肪の亀裂が入りました。顔面もつねにほっぺたが腫れて、自分の顔とは思えません。まるで、今にも割れる寸前の風船のようで、そんな自分の姿を鏡で見るたびに嫌悪感を覚えました。

加えて、網膜が裂けたり破れたりする発作もたびたび起こります。

発作が起こると、そのたびに眼球に直接ステロイド薬を注射しなければならないのですが、その注射がまた痛いのです。それは、あまりの激痛に子どものように泣きわめきたくなるほど。発作それ自体より、その後の眼球への注射のほうが恐ろしく感じるほどでした。

しかも、そうした苦しい治療に耐えたのに、病状はなかなか改善しませんでした。医者からは「このままのペースなら、1年以内に全盲になる」と言われていました。

当然、建築家になる夢はあきらめざるを得ません。

留学してまでかなえようとしていた夢が突然失われ、もう何を目標にしていいかわからない。「自分はもう、幸せな人生は送れないのだ」と希望を失ってしまったのです。

●コンプレックスを逆手に経済的成功を果たす

もう1人の著者スティーブンは、アメリカ人の父と日本人の母親の間に生まれたいわゆる「ハーフ(あるいは「ダブル」)」です。

小学校5年生のときに、地元の普通の小学校から、とあるインターナショナルスクールに転校し、そこで同じ学校に通っていたシンペイと出会います。

生涯の友との出会いを得られたのは幸運だったのですが、そこにいたクラスメイトは、シンペイも含めてみなお金持ちの子どもたちでした。

一方のスティーブン家は、父は米軍付属の大学の職員。ごく普通のミドルクラスの家庭です。

日々のちょっとした場面で、頻繁に感じさせられるクラスメイトたちとの経済力の差は、少年の心に、しだいにほんのりと薄暗い感情を生じさせました。スティーブンは、自分の家がお金持ちではないことに対しての劣等感や、コンプレックスを抱え込むことになったのです。

そして同時に、「みんなを見返すために、絶対にお金持ちになりたい」という強い反発心も抱きました（後述しますが、この反発心は後年、スティーブンが成功へと向かう際の強力な推進力にもなっていきます）。

スティーブンがその長年の願望をかなえようとビジネスの世界に漕ぎ出したとき、幸いにも高給取りと言われるような職に就くことができたのですが、長年のネガティブなコンプレックスや劣等感を解消するためか、一時、派手な浪費に走ることになります。

シンペイのように、わかりやすい身体的な苦境に陥ることはなかったのですが、「前向きに夢や目標を見据える」ようなことからは遠ざかり、ともすれば家族や周囲を顧みない「拝金主義者」になってしまいそうな状態にまで陥りました。

その後、私たちがどんなふうにビッグトークを使い、どん底の状況からはい上がっていったのか――それは、次章で詳しく述べていくことにしましょう。

欠点まで含めたあなた自身を愛せるように

●「自分は成功できない」という思い込み

私たち2人は少し極端な例かもしれませんが、人間は誰しも、コンプレックスを抱え、自分ではコントロールできない周りの環境に振り回されながら毎日を生き抜いているのではないでしょうか。そんな中で、多くの人の脳には**バリア（Barrier：障壁）**が形成されていきます。

あなたも、こうしたバリアを多かれ少なかれ持っているでしょう。そしてバリアがあるがゆえに、自分は成功できない、幸せになれない、豊かな人生が送れないと思い込んでいる人も多いのです。

「ビッグトークの法則」は、こうした思い込み、すなわちバリアを打ち壊す力をあなたに持っていただくためにも役立ちます。

すでに身体や境遇、容姿に対するバリア、あるいはお金に対するバリアを克服した私たちが証明するように、どんな現実に対峙しても、人間はその状況をひっくり返して、望む理想に自分を近づけていけます。

逆に言うと、**脳内にあるバリアを取り除かない限り、どんな夢を唱えようが、どんな目標を紙に書こうが、私たちの脳の自動目的達成装置は、正しく機能してそれを実現してくれないのです。**

●抱え込んだバリアも含めて自分

「ビッグトークの法則」の最初のステップとして、まずはあなたが抱えているバリアを見極め、そのバリアに応じた対処の仕方を考えていくことが必要になります。

多くの人は誤解しているのですが、いわゆる「欠点」や「コンプレックス」、あるいは「自分が置かれた不利な境遇」などは、実のところ「それがある限りは夢がかなわない」といったたぐいの障害ではありません。

私たちの脳が、勝手に「それをバリアだ」と決めつけているだけです。

たとえば、「自分は社交的でないから、営業で成功はできない」と考えている人は大勢います。けれども実際は、内向的な性格で営業に成功している人だって大勢います。スティーブンも、まさにそのタイプに該当します。

同じように、「自分は外見がよくないから、異性にモテない」とか、「自分は学歴がないから、特定の職業に就けない」など、私たちは勝手な思い込みでバリアをつくり上げ、自分にブレーキをかけてしまっています。

夢や願いを実現するためには、自分と真っ向から向き合って、こうしたバリアを取り除いてあげることが必要になるのです。

先にシンペイは、大学時代にベーチェット病にかかったという話をしました。その結果、現在は視力の8割を失ってしまいましたが、これは単なる事実です。

では、そのために仕事ができないかといえば、そんなことはありません。

愛し合う人ができなかったかといえば、そんなこともありません。

幸せになれなかったかといえば、まったくそんなこともなかったわけです。

自分の欠点やコンプレックス、あるいは不利な境遇などは事実として受け入れ、そのうえで、自分の生きたい素晴らしい人生を思い描けばよいだけです。

どんなバリアがあろうと、あなたが悪いわけではまったくありません。どのようにすれば自らのバリアを受け入れ、自分を愛していけるのか、そこに集中することが重要です。

自分を哀れんでいてもどんどんみじめになるだけですし、自分が自分を大事にしなかったら、ほかの誰かから大事にされることもありません。

人生では、過去に失敗したからといって、未来も同じように失敗する、という法則などありません。

「人生を変えよう、幸せになろう」という選択をしたなら、自分が抱え込んでいたバリアが、本当はそれらをひっくるめて自分そのものなんだ（This is me.）ということに気づけるはずです。

本書を通じて、私たちはそのことをあなたに受け入れていただきます。

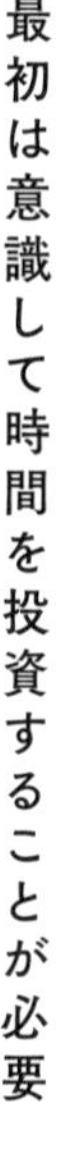

「ただ1人のあなた」のために時間を使う

●最初は意識して時間を投資することが必要

さまざまなバリアを受け入れ、「ただ1人の自分」を愛せるようになってもらうために、これからあなたにお願いしたいのは**「時間を投資する」こと**です。

それは、本書を最後まで読む時間、読んだのちに自分の現在や未来について考える時間、本の中で紹介しているさまざまなワークを億劫がらずに試してもらう時間などです。

考えてみれば、私たちには「無駄なことをしている時間」が多すぎます。

もちろん息抜きのための時間をゼロにしろとは言いませんが、1日を振り返ったとき、息抜きの時間に比べて、自分と向き合う時間をどれくらいとれていますか?

ひょっとしたら、1分や1秒も確保できていないかもしれません。

他人のことは言えません。私たちにも、くだらないテレビ番組ばかりを観ていた時期がありましたし、SNSやゲームなどで時間を潰すようなこともちろんあります。娯楽に溢れている現代では、気づけばあっという間に24時間が過ぎ去ってしまいます。

それでも、たまたま本書のような本を読んだり、セミナーに参加して刺激を受けたりしたときには、多くの人が「がんばってみよう」と少しだけ努力を始めます。

しかし時間が経つと、いつのまにかモチベーションも落ちてしまい、いつもどおりに息抜きにばかり時間を割いて、それまでの日常とまったく変わらなくなってしまうのです。

●慣れるとどんどん楽しい時間に

そこで、私たちはあなたにお願いをします。

1日に5分でもいい。1分でもいい。自分自身と向き合う時間をつくってください。

仕事であったり、勉強であったり、家事であったりと、誰にだって毎日しなければならないことはあるでしょう。そうでなくても、気が向かなかったり、ときには何も考えたくない日があったりするかもしれません。

それでも、少しの時間だけでも、本書で読んだことを思い出し、自分の夢や願望を確認する作業を毎日欠かさず行ってほしいのです。

これは、決して面倒臭いことではありません。

それどころか、自分と向き合う時間の累積が多くなればなるほど、脳の自動目的達成装置を通じて夢や願望が加速度的に、急展開でかなっていくようになります。そのため、むしろ自分に向き合う時間をとるのが楽しくなっていくでしょう。

今は騙されたような気持ちでかまいません。私たちの言葉に目を通す時間を、もう少しだけ拝借できれば幸いです。

- 夢や目標の実現に向けて、お互いにポジティブな言葉をかけ合ったり、実現へのルートから逸れてしまったときにそれを知らせてくれたりするのが「バディ(Buddy)」。バディとの間で行う、夢や目標実現のための会話を「ビッグトーク(Big Talk)」と名づけた。
- 脳には「自動目的達成装置」とでも言うべき機能があり、入力された言葉を無意識のうちに現実にしようとする。世の中にあるほとんどの成功哲学や目標達成法は、この機能を活用している。言葉の入力には、口ぐせや紙に書くこと、脳内でイメージすることなどが有効である。
- ただし、自動目的達成装置は自然に発生するネガティブな言葉にも反応してしまうので、つねにポジティブな言葉を入力してあげる必要がある。多少の時間を投資して、ビッグトークを継続的に行うことが、それには非常に有効である。
- どんなに不幸な境遇であっても、ビッグトークによる夢や目標の実現はできる。著者の2人も、この方法で自らのハードな境遇を克服できた。

Chapter

2

コンプレックスやハンディキャップから解放される

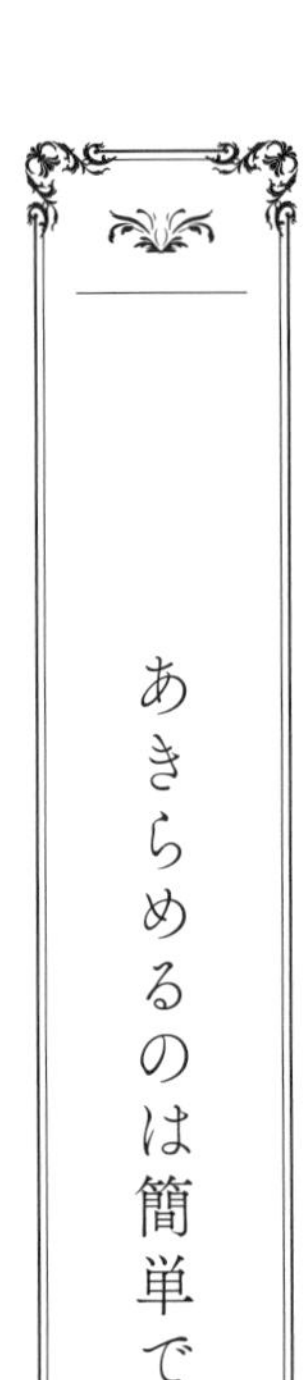

あきらめるのは簡単でいつでもできる

●その前に精いっぱい挑戦しよう

1章の最後で、「自分と向き合う時間」をつくることの大切さを述べました。シンペイがその大切さに気づいたのは、前述したように難病を発症して、障害を抱えることになったのがきっかけです。

とはいえ、当然ですがシンペイが病気になったとき、すぐに「夢」や「願望」を心に抱けたわけではありません。それどころか、人生に絶望して、一度は真剣に自殺まで考えました。

しかし、**正しく自分と向き合うことができれば、どんな状況からでも人は未来に光を見出せます。**

それを知ってもらうため、本章では自己紹介を兼ね、シンペイがどのように人生をリカバリーしたかをまず紹介しましょう。

すでに述べたように、シンペイは20歳のときにベーチェット病を患いました。

この病気には根本的な治療法がなく、治療は対処療法が中心です。シンペイの場合には、症状が主に目の炎症という形で現れ、視力が急速に落ちていきました。

少しでも炎症を抑えてそれを遅らせるため、副作用の大きなステロイド薬を使ったことで、体はパンパンにむくみ上がりました。さらに発作が起これば、週に何度も病院に行き、ステロイドの眼内注射を打つ。こうした治療に伴う痛みが相当なものであったことも、すでに述べたとおりです。

当時のシンペイは青春真っ只中の若者です。

それなのに、治療のためにニューヨークでの留学を中断して日本に帰国せざるをえず、建築家への夢はほとんど絶たれてしまいます。スポーツをしたり、車の運転をしたりということもできなくなりました。

なかなか友人と遊ぶこともできませんし、ステロイド剤の副作用で膨れ上がった自分の姿を見てしまうと、今後、恋愛して恋人をつくったり、将来結婚したりすることなども不可能に思えます。治療のために学校へも行けず、どんどんと学業を進めていく同級生たちから取り残されていく……。将来、自分がどうなってしまうのか、まったく想像ができなくなりました。

しかも、そうして毎日、不安と絶望に襲われて悩んでいるシンペイに、目の炎症の発作は容赦なく、何度となく襲ってきます。

そんな状況がしばらく続いたある日の真夜中、再び目の痛みが襲ってきました。「明日、また病院に行って、眼内注射を受けなければならないのか」と考えたシンペイは、何とも情けなく、哀しくて仕方がない、真っ暗闇な気持ちへと沈んでいきました。

その後の行動は無意識によるものだったのか、はっきりとは覚えていません。しかし、ふと気づいたとき、シンペイは当時住んでいた6階にある部屋のベランダの柵の外側に立って、軽く握った手で体を支えている状態でした。

妙に冷静に「この手を離せば、すべてが終わるんだな」と思いながら周囲の景色を見回すと、以前にははっきりと見えていた周囲の街の明かりが、もう見えなくなっていることに気づきます。

それを見ていた過去の自分が、どんなに楽しく生きていたのかを思い出したとき、「あきらめることは、こんなに簡単なんだ」と痛烈な感覚を得ました。少し握力を弱めて手を離すだけで、自分の人生は終わってしまう。それは、なんて簡単なことなんだろうと。

逆に、この先も生きていくのであれば、チャレンジし、乗り越えなければいけないことがたくさんある。その道はものすごく大変だろうけれど、自分は、まだ挑戦してすらいないではないか……あきらめて終わらせるのはいつでもできるのだから、どうせならもう少し挑戦しておきたい。

「もう少し、努力してみよう」

そう心から思えた瞬間に、シンペイの手には力が入り、足を滑らせて落下することへの恐怖に襲われました。

そのあと、ぼやけた視界の中でベランダの柵を乗り越える動作がまた恐ろしく、シンペイは何分もかけて慎重に部屋へと戻りました。


自ら死を選ぶような形ではなくても、「あきらめる」選択肢をとるのは誰にとっても簡単なこと。けれどその前に、もっと今の自分ができることを考えてみたい——シンペイは、「自分自身がこれから、どう生きたいのか」について深く考えるようになったのです。

●問題は障害を持ったことではない

シンペイの父、佐藤富雄は生前、ベストセラー作家として有名でした。しかし息子が難病を発症したときはまだデビュー前で、一般企業に勤めるビジネスパーソンにすぎませんでした。

そんな父は、不安と絶望から立ち直りかけていた息子に、次のようなアドバイスをくれました。

「お前が難病にかかったことや、障害を持ったことが問題ではないんだ。問題は、お前に夢がなくなってしまったことなんだ」

シンペイはこの言葉にハッとします。

「確かに、発病後の自分には夢がなくなり、目標も失っている」

「でも、今の自分が、どんな目標や夢を持てるのだろうか？」
この父の言葉で、シンペイの人生は大きく変わっていきました。

その後、シンペイがまず始めたのは、パソコンを立ち上げて「障害を持った自分でもできること」を片っ端から打ち込んでいくことでした。

それらはほんの些細なことでもＯＫ。目はかなり見えなくなっていましたが、少なくとも「箸の上げ下げ」はできるし「味の区別」もできます。耳も聞こえますから「人との会話」もできるし「ちゃんと歩く」こともできる……。

失われた自信を取り戻すために、まずは「今の自分にできること」を再確認したのです。

読者のみなさんには関係のない話とは思わないでくださいね？

シンペイが病気のあとに最初に取り組んだこのワークは、これからあなたにもチャレンジしてもらう「ビッグトークの法則」の入り口に、すでに片足を踏み込んでいるからです。

それはともかく、シンペイがこのように「今の自分にできること」をどんどん入力していったリストは、かなり膨大なものになりました。

そこで彼が気づいたのは、目の機能はなくなっていくけれど、ほかの機能はちゃんと生きていることです。「想像していた以上に、自分にはできることがあるんだな」と改めて認識できたのです。

そう認識できるようになると、将来への不安や絶望にとらわれているばかりではなく、未来についてもより前向きに考えられるようになりました。

「工夫と想像力があれば、大学だってきちんと卒業できるのでは？」

「恋愛だって、結婚だって、絶対にできないわけではない」

「目が悪くてもできる仕事がちゃんとあるはずだ！」

病気のせいでできなくなったことは確かにあります。しかしそれよりも、病気になった今でも、努力や工夫しだいで実現できる可能性のあることのほうが圧倒的に多い、ということに気づけたのです。

「もっと自信を取り戻したい！」

そう思ったシンペイが第一に挑戦したのは、大学に復学することでした。

早速、当時の主治医に大学への復学について相談すると、医師からは「今は無理をしないほうがいい。治療に専念するべきだ」と言われました。

しかし、人生の中で若い時代は長くありません。将来のキャリアのことも考えれば、いつまでも治療にばかり専念しているわけにはいきません。今後、障害と長く付き合っていかなければいけないシンペイの人生に、医師が責任を持ってくれるわけでもありません。

「自分が大学への復学を希望しているのに、治療優先で患者の希望を考えてくれない主治医で、本当にいいのだろうか？」「僕がしたいことを応援してくれる人でないと、長い付き合いの中でパートナーシップが組めないのではないか？」

そんなふうに考えたシンペイは、「主治医を変えてくれ」と病院にやや強硬に相談し、最終的にはその要求をかなえてもらいます。

はたして、新しい主治医に「大学に復学したい」と相談すると、今度の主治医は「やりたいことがあるなら、挑戦したほうがいいよ。俺は応援する。ポケベルの番号を教えるから、何かあればいつでも連絡をくれ。すぐに治療してあげるから」と言ってくれました。

自分の人生は自分で決めると主体的に行動した結果、シンペイは病気と付き合っていくうえでは大きな助けとなる、素晴らしい医師と出会うことができたのです。

とはいえ、以前目指していた建築家という仕事は、どうしても視力が必要になる仕事です。それまで通っていたニューヨークの大学の建築課に戻ることは、キャリア構築のためにはあまり意味がなくなってしまいました。どんどん目が見えなくなっていくシンペイのような障害を持つ学生の受け入れ態勢も不明。海外ということで、発作時などの不安もありました。ならば、日本の大学で、どこなら視力に障害を持つ学生を受け入れてくれるかを探そう、とシンペイは考えました。

最終的には、当時すでにバディとしてシンペイとビッグトークをしていたスティーブンの父親が、大学職員としての知識から自らも卒業した上智大学を勧めてくれ、上智大学への編入を希望する、ということになります。

希望は受け入れられて、ついに大学へと復学できることになりました。

以前とはまったく違う、シンペイの新しい人生が始まったのです。

●「できないと思っていたこと」がどんどん実現していった理由

そのようにして、「とにかくやってみよう」と決意し、ほとんど見えなくなってしまった視力で新しい大学生活を開始すると、シンペイは自分がものすごく幸福な時代に生まれたことに気づきました。

まず「パソコンがあること」が、どれほどありがたいか。

スマホでもかまいませんが、もし近くに文字を入力できる機器があれば、試しに適当な文字を打ってみて、それを90ポイントの大きさにしてみてください。すると、シンペイが見ている世界がわかります。その大きさで、やっとシンペイが読める文字になるのです。それでも、その画像をモニターに映し出せば読むことは可能です。

シンペイにとってもうひとつ幸運だったのは、ちょうどその頃に、ネット書店のアマゾンが日本でサービスを開始したことでした。おかげで、当時は日本の本屋さんにはほとんどなかったCDやテープなどのオーディオブックを、海外からすぐに取り寄せることができました。

この時期、シンペイはナポレオン・ヒルやデール・カーネギーなどの自己啓発書を、片っ端から英語のオーディオブックで聴きまくりました。

それらのオーディオブックの中で、ナポレオン・ヒルが勧めていたある習慣に「毎日、寝る前に必ず、その日起きた〝幸せだったこと〟を5つ書く」というものがありました。シンペイは最初、「いまや『障害者』となった自分に〝幸せだったこと〟が毎日5つもあるはずがないじゃないか」と感じました。しかし実際にやってみると、決してそんなことはありませんでした。

むしろ自死一歩手前までの絶望を経験していたからこそ、普通なら当たり前に感じられるようなことも、シンペイには奇跡のような幸せに感じられたのです。

友達と一緒に食事に行った、同級生の女の子がボランティアで自分の代わりにノートをとってくれた……そうしたさまざまな〝幸せだったこと〟を書いているうちに、気づいたら、極端に視力が悪い自分には無理だとか、不可能だと思っていたことが、まったく問題ではなくなってしまったのです。

もちろん「できないこと」は変わらずに残っているのですが、そこに不満や無念、あきらめ、もっと言えば「こだわり」を感じることがなくなりました。

そうではなく、「できること」「できる可能性があること」のうち、「まだ挑戦していないこと」また「これからやりたいこと」に意識の焦点が当たるようになり、その実現方法を考えることで頭がいっぱいになっていったのです。

ナポレオン・ヒル、大変効果的でした。Thank you!

その後、こうした「まだ挑戦していないこと」「これからやりたいこと」としてシンペイが思い描いた夢や目標は、バディであるスティーブンとのビッグトークを通じて、一つひとつがさまざまな形で実現していきます。その詳しい方法は、本書の3章以降で詳しく解説していきます。

数年後、上智大学を卒業したシンペイは、キャリアの方針を「建築」から目が悪くても問題ない「法律」へと変更し、再びアメリカに戻ってボストンのロースクール（法科大学院）で学業を重ねます。ボストンの大学では、目の不自由な日本人が単身で留学してくるのは珍しいと、手厚いサポー

トを受けることもできました、

社会人になってもシンペイは積極的にキャリアを積み重ね、37歳のときには、世界最大手のある外資系小売企業でコンプライアンス部門の部長に就任。

その後も外資系企業での要職を歴任し、ビジネスパーソンとして成功したと言えるでしょう。

一方でシンペイは、生来の負けず嫌いの性分から、大学時代から体の動かし方や表情のつくり方、視線の動かし方などを研究し、目が不自由だからといって「見た目で侮られない」ための動き方も工夫し続けました。

運動もできる限り行い、サプリメントなども自分なりに研究して摂取し、一時は薬の副作用によって膨れ上がった体も、筋肉質なものへと修正することに成功しました。

結果として、初めて会った人のほとんどが、シンペイがほぼ全盲であることに気づかない外見や動作を身につけることにまで成功しています。

そのおかげもあり、ごく普通に日常生活を楽しめていますし、豊かな恋愛もして、素敵な妻と娘に恵まれるという「一度はあきらめた人生」も手にできています。

人に助けてもらいたければ まずは自分と向き合いなさい

●1人では大きな成功は手にできない

長くシンペイの話をしてきました。

シンペイのようにハンディキャップを抱える人が、不可能を可能にし、どん底のような状況からでも復活して成功を手にするには、どんな条件が必要でしょうか？

それは、**「周囲の人から、必要なときに必要な助けを得られる」**という条件です。

シンペイも、まさか「障害を持った自分が、独力であらゆることを成し遂げた」などと自惚れてはいません。シンペイがこれまで幸せな人生を歩むことができたのは、すべて誰かが彼を助けてくれたからでした。

たとえばボストンのロースクールに留学し、まだまだ何もわからない環境にいたとき、渡米4か月後の冬にシンペイの一番の応援者であった母親が亡くなってしまいます。彼女はずっとがんを患っていたのですが、息子の進学が決まったことに安堵して、一気に疲れが出てしまったのかもしれません。

このときはシンペイもショックで、試験前にもかかわらずしばらく勉強が手がつかなくなってしまいます。

しかし、事情を聞いた大学の関係者が正式な手続きをとって試験を延期してくれ、卒業に遅れが生じることを避けられました。

目がほとんど見えないのに、まったく土地感もないボストンの大学に単身留学してくるなんてガッツがあると、ふだんから気にかけてもらっていたため、手助けをしてもらえたのです。


読者のみなさんにぜひ知っていただきたいのは、**本当に一生懸命生きている人は、絶対に周りがサポートしてくれる**ということです。

本書で紹介するビッグトークの法則について、「自分を助けてくれる〝バディ〟になってくれるような人なんて、周囲にいない」と不安に感じる人もいるでしょう。しかし、心配する必要はまったくありません。

シンペイには大学の関係者からだけでなく、世界中から集まった同級生たちからも、国籍や人種に関係なくさまざまなサポートをしてもらった経験があります。目標を実現しようと一生懸命に前へ進んでいる人には、必ず何人ものサポーターが登場してくるのです。

●周囲の人が助けやすくすることも大切

ただし、ただ待っていれば偶然に、向こうからサポートしてくれる人が集まってくるわけではありません。

これはシンペイが障害を持って初めてわかったことですが、じっと黙ってクヨクヨしている人間に、周りはどう接していいかわかりません。

どのように助けてあげればいいかもわかりませんし、そもそも本当に助けを求めているかどうかもわかりません。本人は全然大丈夫なのに、勝手に周囲が手助けを申し出たら、かえって気を悪くされるかもしれません。

困っている人の周囲にいる人は、本人が「助けてください」「こうしてほしい」とオープンに言ってくれることを期待しているのです。助けが必要であること、どんなふうに助けてほしいかを明確に示してもらえれば、周囲の人は「気兼ねなく」助けることができます。

だから、もしあなたが誰かに助けてほしいのであれば、自分が今何を望み、どんな手助けをしてほしいのかをこちらから提示していかなければなりません。

素直に「自分にはできないこと」を受け入れ、自分の弱さを知りながら、それでも実現したいことにはちゃんと向き合う。ときにはプライドを捨てなければいけないし、「そんなことは1人でやれよ」と自分自身を突き放すことも必要になるでしょう。

また、もちろん助けてもらってばかりでもいけません。助けてもらった自分自身が、いずれは別の誰かをサポートすることも想定しておいてください。

スティーブンに言わせると、病気になる前のシンペイより、それを乗り越えたあとのシンペイのほうが明らかに魅力的になったそうです。

未来について前向きになったし、周りの人のために何かしてあげようという意欲があるのだとか。

本書では、よりよい未来をつくるためにバディ（仲間）をつくる重要性を説いていきますが、そのときもっとも重要なことは、まずは自分自身と向き合い、本気で夢や目標を追い求めることにほかなりません。

そうして本気で夢を追っている人の周囲には、必ずやサポーターであるバディも現れてくるからです。

コンプレックスと反骨心から始まった成功への道

●トントン拍子に「成功者」の仲間入り

シンペイの話から、次はスティーブンにバトンタッチしましょう。

すでにお伝えしたとおり、スティーブンはアメリカ人の父と、日本人の母の間に生まれています。父は大学の職員で、特別に貧乏だったわけでも、裕福だったわけでもありません。一般的な中流階級の家庭に育ったと言っていいでしょう。

ただスティーブンが入学したインターナショナルスクールに、いわゆる富裕層の子どもが非常に多かったことから、スティーブンがしだいに、お金に対しての劣等感やコンプレックスを抱くようになったことは前述したとおりです。

また、スティーブンが生まれた当時の日本は、まだ外国人がいたるところに住んでいる現在のような状況ではなく、ハーフ（またはダブル）として生まれたことで近所の子どもたちからからかわれるようなことも多少はありました。

そうした境遇から、スティーブンは「周りの人間を見返したい」という反骨心を、人一倍強く抱くようになります。早く社会に出てお金を稼ぎ、1日でも早く成功者の仲間入りをしたいと考えていたのです。

彼は大学時代からアルバイトやインターンなどで働きながら仕事を覚え、卒業後には、ある外資系の金融機関に就職することに成功しました。そこは年収が高いことでも有名な企業であり、スティーブンはすぐに高額の収入を得るようになります。

新社会人の頃からトントン拍子に普通のビジネスパーソンの何倍もの収入を得て、若さから自惚れたこともあって、当初、スティーブンの仕事に対する姿勢は決して真面目なものではありませんでした。

しかし、ある先輩社員から仕事に向き合う姿勢を教わり、ようやく自らの仕事に対しての夢のようなもの、キャリアプランとでも言うべきものが持てるようになりました。

実はスティーブンの心の中には、幼い頃から「起業家になりたい」という淡い思いがありました。

その根底には、小学生のときに父親から聞かされた話がありました。スティーブンの父親ももともとは事業をしたいと考えていて、昭和の頃にアメリカのある大手ファストフードチェーンを日本に持って来たいという夢を持っていたのです。父には実現できなかったそうしたビッグビジネスを、いつか自分が実現できれば……という思いがあったのです。

そのためか、スティーブンは金融の仕事になかなか充実感が持てませんでした。いくら高い給与をもらっていても、自分の仕事に満足することができなかったのです。

そんなとき、兄からの誘いをもらいました。

それは「一緒に起業をしないか？」というもの。事業内容はアパレル製品の輸入代理店で、生来ファッション好きなスティーブンも大きな興味を持っていた分野でした。

「やってみよう！」と決心したスティーブンは、高収入で安定していた金融の仕事を辞め、本格的に会社経営の道を進み始めました。

スティーブンは当時まだ20歳代前半。若い起業家でしたが、それでも扱ったファッションブランドをブームに乗せることができ、兄との会社は順調に売上を伸ばしていきました。

この時点でスティーブンは、いわゆる「成功者」の仲間入りをしたと言っていいでしょう。

●倒産しかかって見つけた〝一番大切なもの〟

成功者になったことで、スティーブンは「他人を見返したい」「お金持ちになりたい」という少年時代からのコンプレックスを解消できました。ただ、そのことが幸福感につながっていたかと問われれば、それは疑問です。

当時すでに結婚し、スティーブンには小さな息子もできていましたが、多忙のために家族と過ごす時間をほとんどつくれず、一方でこの業界特有の、ほとんど見栄のような人間関係に時間を奪われる日々が続いていたのです。

それは華やかなパーティであったり、テレビで見かける芸能人たちとの付き合いであったり……見た目は派手ですが、楽しいかといったら、まったくそんなことはありませんでした。

また、高級車や高価な時計など、ファッション業界の経営者として見た目やイメージをよくするために使う金額もかなり大きくなっていました。

スティーブンは「このままでいいのだろうか？」と疑問を感じ続けていました。

そんなとき、順調だった会社がいきなり窮地に陥ってしまいます。その要因には、あるブランドの裏切りがありました。

「このままでは、すべてを失うかもしれない」

ビジネスではそれまでほとんど感じることのなかった挫折感や無力感を、スティーブンはこのとき初めて味わうことになったのです。

スティーブンは妻に告げます。

「まだ再起の可能性はあるから、もう少しがんばってみるよ。でも、会社としてかなり借金もしているから、もし潰れてしまったら、今の家は出ていかなきゃならないかも……」

すると妻からは、こんな言葉が返ってきました。

「大丈夫。信じているし、会社が潰れたら潰れたで、また家族3人でがんばっていけばいいじゃない！」

家族との時間をないがしろにしていた自分を、それでも信じてくれる妻。

当時4歳だった息子からも、"You will be OK Dad"（パパなら大丈夫だよ）という可愛らしい手紙をもらい、スティーブンは自分にとって何が一番大切なものなのかを悟ります。――家族。その家族との幸せな日々を守るために、再起を誓います。

ちなみにこの息子からの手紙は、今でもスティーブンのオフィスのパソコンに貼られていて、彼の大切なお守りとなっています。

こうした家族の言葉が支えとなり、スティーブンは窮地から脱して、当時のビジネスを元の成長軌道に戻すことができました。

危機のあと、スティーブンには大きなビジネスチャンスが舞い込んできました。

前々から興味を持っていたアイウェア、つまり「ファッショナブルなメガネ」の会社を、独立して立ち上げる機会を得たのです。これは兄の会社を離れ、自分自身の力だけでビジネスに取り組むチャンスです。

とはいえ、自分だけで起業することには大きなリスクも伴います。再び苦境に陥り、家族を不安にするのではないか？

「あなたなら絶対に成功できるし、信じてるから、自分がやりたいように進めばいいよ！」

妻は今度も、スティーブンの背中を押してくれました。

そうして、スティーブンは兄の会社を離れ、自分自身の会社を新たに立ち上げることになります。

しかし、その仕事に対する姿勢や考え方は、以前とはまったく変わりました。

余計な人付き合いや過度な浪費などは改め、大切な人たちとの時間を最優先する。

部下や周囲の人間を育て、自分ばかりが前面に出るのを避ける。

派手なことにお金を使うのだったら、そのお金を仲間たちや世の中のために還元していく……。

のちに、より経営内容を充実させるために、スティーブンは自ら育て上げたこの会社の経営権をある大手企業に売却することになります。しかしそのときにも、売却後の自らの肩書きにはまったくこだわりがありませんでした。

スティーブンは現在も、売却したアイウェア会社のファウンダーとして経営に携わり、ＩＴ系企業のＣＥＯとして新たな分野にも進出。投資家、経営コンサルタントとして、さまざまな分野で辣腕を振るっています。

会社の売却を皮切りに、スティーブンはいわゆる「富豪」の仲間入りをすることになりました。経済的な不安がまったくない状況で、充実した仕事と、家族との時間を堪能する生活を過ごしています。

すでに自分や家族、身近な人の幸せを実現したスティーブンの意識は、今では「より多くの人に、自分と同じような幸福感のある生活をしてほしい」と、みなを啓発し、世界に少しでも多くのバディ関係をつくるという新たな夢に向かっています。

ビッグトークの実践で見えてきたもの

●お金だけあっても幸せにはなれない

スティーブンが「自分の望む人生」へと歩み出すことができたきっかけは、妻や息子からかけられた温かい言葉でした。

自分の人生の分岐点だけではなく、家族の未来をも左右するかもしれない重大な分岐点に立っていたとき、妻や息子がくれた背中を押してくれる言葉のおかげでスティーブンの心は軽くなり、「必ず成功する」という強い決意と勇気が湧いてきました。

それまでは、スティーブンは家族に心配をかけまいと1人で悩むことが多かったのですが、あとから考えてみれば、妻はいつだって彼を支えてくれていたのです。

幼い息子だって、いつも元気で明るい父親の様子がふだんと違うと感じ、小さい手で必死に手紙を書いてくれたのです。

その頃には、スティーブンはすでに言葉が生み出す力について、師である「ドクター佐藤」こと佐藤富雄から学んでいましたし、バディの重要性についてもシンペイとの日々のビッグトークの中で理解していました。

しかし、同じくバディである家族の存在と、その家族からの温かい言葉に助けられたことは、スティーブンがその重要性について改めて認識する機会になりました。

その後のスティーブンは、働き方だけでなく「生き方」に対する考え方を一気に上書きし、富豪への階段を駆け上がりました。

しかし、**たとえ何百億円、何千億円というお金があっても、そのお金で充実感や幸福感を買うことはできません。**一時的には買うこともできますが、長期的には絶対に無理です。お金があるから安心で幸せな人生が待っている、なんていうことはまったくないのです。

それどころか、「お金の魔力」は人生を破滅に導く可能性もあります。これは、スティーブンが実際に成功者になって得た実感です。

一方で、**お金を稼ぐことに対して罪悪感を持つのも間違い**です。

お金があればあるほど、事業を起こしたり、社会貢献をしたりして、多くの人を幸せにすることもできるからです。

もし成功しても幸せになれない人がいるとすれば、それはその人の未来の描き方が間違っているのです。

正しい未来を描くためには、日々、自分自身と向き合って、「今の自分がどれだけ幸せか」「どうすればもっと幸せになれるか」を模索し、信頼できるバディと目標を言葉にしてビッグトークを実践する必要があります。

今のスティーブンは、その重要性に気づいたからこそ、言葉の意味やバディとの関係性をより深く見直し、それらを本書の方法論に落とし込むことで、より多くの人に伝えようと新しい活動に踏み出しています。

●どんな状況からでもあきらめる必要はない

この2章を読んでいただいたことで、本書の著者であるシンペイとスティーブンがそれぞれに困難な状況を乗り越え、自らの人生の軌道修正を行い、そのときどきでもがきながら、成功への道を模索してきた人間であることをわかっていただけたでしょう。

私たちは決して、成功を約束された特別な存在ではありませんでした。

あなたも、私たちと同じように成功や幸せを手に入れることができます。

誰もが、自分の理想とする生活を、必ず実現できるのです。
それにはどのようにすればいいのか？　次章から具体的に検証していきましょう。

Chapter 2 まとめ

- あきらめるのはいつでもできる。その前に最大限の努力をしてみよう。
- 特に障害や病気などのハンディキャップを抱えている人は、意識的に自信を回復させ、「できないこと」ではなく「できること」に注意を向けて夢や目標を持つようにしたい。
- 助けが必要な場合には、自分から助けてほしいことと、どんな助けが必要かを表明する。そうでないと周囲の人はどうしていいかわからない。
- また、他人に助けてほしいのであれば、まずは自分自身の夢や目標を真剣に追求すること。人は一生懸命に夢に向かっている人を助けたくなる。
- 自分のためではなく、家族や身近な人のためにがんばることも立派な夢や目標になる。こうした人たちはあなたのバディであり、彼らとの会話をビッグトークにすることもできる。
- どんなハンディキャップやコンプレックスがあったとしても、あきらめる必要はない。正しい方法で夢や目標を追い求めれば、経済的な自由も、愛情も、成功や幸せも必ず手にできる。

Chapter

3

自分と向き合い欲張りな人生をデザインする

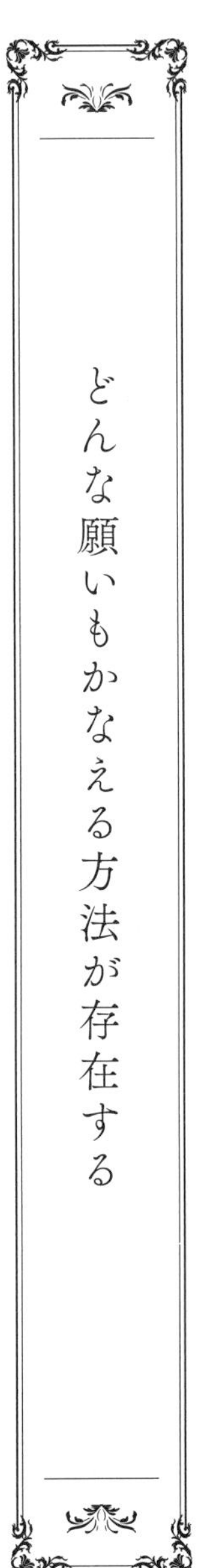

どんな願いもかなえる方法が存在する

●バディと話す前に自分と話す

いよいよ本章から、ビッグトークの法則の方法論に入っていきます。

この方法論の特徴は、なんと言っても「**コミュニケーションを通じ、言葉の力によって目標を実現していくこと**」です。

前述したようにそのコミュニケーションの相手には、信頼して夢を語ることができる「バディ」が最適。ただし**バディをつくる前に、自分自身を相手としたコミュニケーションをしっかり行うことが先決**です。

この3章では、他人に対する言葉がけの前に、日々の生活の中でどのように自分と対話し、どのように自らの脳に言葉をインプットしていくとよいのか、その方法を述べていきましょう。

●かなうと信じなければかなわない

初詣で神社やお寺に行ったとき、私たちは「願いがかないますように」とお祈りをします。

ところで、その「願い」は毎年、どれくらい実現していますか？

「健康に1年、無事に過ごせますように」という達成難易度の低い願いくらいなら、そのとおりにかなうかもしれません。しかし、「素敵な出会いがありますように」とか、「お金がたくさん増えますように」などといった達成難易度の高い願いについては、なかなか現実にはならないので、毎年同じ内容でお祈りをしている方が多いでしょう。

どうしてこれらの願いが実現しないかといえば、それは「あなたが本気で、その願いを実現させようと思っていないから」です。

たまたま神社やお寺にお参りに来たから、「とりあえずお願いしておこう」と、そのとき思っているることを唱えてみただけだからです。

その願望の達成に何が必要か日常的に想像していませんし、実際に願いがかなった状態をイメージすることもないからです。

本当に願いがかなうとは、実際のところ自分でも信じていないからです。

――このようなお願いの仕方では、脳の中の自動目的達成装置が機能することはありません。

●信じて決意することが前提条件

本当に願いを実現させたいのであれば、これとは逆のことをする必要があります。

つまり、**今願っていることを確実に実現させるつもりだし、自分でも「願いどおりのことが起こる」と確信している。日常的に願いの実現に必要な物ごとを想像し、願いの実現後の自分をイメージしている、という状態をつくる**のです。

意識的にそのような状態をつくりつつ、願ったことを絶対に実現すると決意します。すると、どうなるでしょう？

たとえば「来年の夏には絶対に海外旅行に行く！」と決めたとします。

あるいは「この会社は今年いっぱいで辞めよう。もっと自分の将来のキャリアになる仕事を探そう」と強く決意したとします。

そして、その願いの実現を確信し、ふだんから必要な物ごとや実現後の自分をイメージする状態をつくります。

そうすると、脳内に「その願いを必ず実現させるぞ」というプログラムが入力され、自動的に、かつ無意識的に、自分自身が「目標達成に必要な行動」をとるようになっていきます。

たとえばネットを見ているときに「予算内で実行可能な海外旅行の情報」を偶然見つけます。あるいは、転職に役立つ情報に敏感になって、友人とのふだんの会話の中にふと気になる情報を聞きつけ、「その話、詳しく教えて」なんて尋ねたりします。

実はこうした「偶然」や「たまたま」は、本当の偶然やたまたまではありません。のちほど詳述する脳内のＲＡＳ（Reticular Activating System：網様体賦活系）という部位の働きにより引き起こされる現象です。

私たちは、願いごとをかなえやすい状態を意識的につくり、そのうえで強く決意して願いを持つと、こうした脳の仕組みも効果的に活用しながら、本当に願いを実現させていきます。本当に海外旅行に行ったり、有意義な転職を実現したりできるのです。

とはいえ、「海外旅行に行く」とか「会社を辞めて転職する」といった願いは、最終的には自分の意思で決められる事柄ですから、強く願えばそのとおりになるのはある意味で当たり前の話。

一方で「仕事で成功する」とか、「お金持ちになる」といった自分の意思ではどうにもならない願いごとは、強い決意程度ではかなわないだろう、と考える方も多いでしょう。

はたして、本当にそうでしょうか？

運ではなくセルフイメージで成否が決まる

●多くの成功者が実践している

テレビのバラエティ番組やネット上の動画などを観ていると、さまざまなジャンルで成功した人が出演しています。

ビジネスの世界であったり、アートの世界であったり、作家であったりと多様なジャンルで活躍する人たちが出演していますが、画面の向こう側にいる「成功者」たる彼ら・彼女らと、こちら側にいてただモニタを眺めている私たちとの違いは、いったいどこから生まれてきたのでしょう？

もちろん、最近ではテレビや動画に出ている有名な成功者になることだけが成功の形ではありません。ただここでは、わかりやすく一種の思考実験としてそう考えてみてください。

少なくとも脳科学的な見地からは、テレビやネット上の動画における画面の向こう側の人と、こちら側の人とで能力に大きな違いなどありません。

脳の基本的な機能という意味では、多少の差はあっても人類全体ではさほどのばらつきはありません。テレビを観ている私たちが、あちら側で観られる立場になっていたとしても、まったくおかしくなかったのです。

ひとつ違いがあるとすれば、**モニタの向こう側の成功者たちは、最初から画面のこちら側で出演者をただ眺める存在ではなく、画面の向こう側で、視聴者や世間の人たちにあこがれられる存在になる、という決意と前提でこれまで行動してきた、**ということです。

世の中には、まだそうした存在になることができず、夢の途中で努力している人もたくさんいます。しかしそういう人は少なくとも、モニタのこちら側で「みんな、すごいなぁ」なんて羨ましがってただ画面を観ていないことは明白です。そんな時間があれば、夢をかなえるための努力をしているでしょう。すでに目標や願望を実現した人を、「自分とは違う存在」と認識している時点で、目標や願望をきちんと自分の脳にセッティングできていないのです。

シンペイやスティーブンも、それに気づいたときには、競争を勝ち抜いた人たちをただ眺めながら息抜きする時間をもったいなく感じ、それ以後はメディアの見方を変え、セルフイメージも変えるようにしました。

●自分の可能性をコントロールしよう

自分が目標としている状態に実際になることを「当然のこと」として受け入れているか、「まったく自分の手には届かない世界のこと」として意識の外に置いているかで、実現の可能性は変わってきます。

その証拠に、のちにスターになったり、あるいは大統領になったりするような人は、若い頃から将来、たくさんのカメラの前で会見する自分の姿をありありとイメージしていた、という話が多く伝わっています。

一例を挙げると、野球のイチロー選手などは、なんと小学生の頃から、プロになったあと自分が試合後のヒーローインタビューで言うことを考えていたと伝わっています。

私たちシンペイとスティーブンも、人生でさまざまな願いを実現できたのは、そうしたセルフイメージをきちんとつくることができたからでした。

前章で述べたように紆余曲折はしましたが、自分たちは将来成功する、というセルフイメージは決してブレませんでした。だからこそ、困難に遭遇しても前を見て、目の前にある問題を一つひとつ突破していく方法を見つけられたのです。

自分で自分の可能性をコントロールしながら、戦略を練り、地道にチャンスを狙っていくことが大切です。「絶対にできる」と信じていれば、チャンスはどんどん広がっていきます。

逆に「自分とは遠い世界のことだな」と思っていれば、チャンスはすべて、あなたの目の前を素通りしていくことでしょう。

夢や目標として思い描いたことが、自分の中で「絶対に実現させること」になっている限り、順調なときはそのままモチベーションが維持されますし、少し道から逸れ始めたときには、自動的に「何かをしなきゃ」と軌道修正が入ります。

そうして自分自身でセルフイメージをコントロールした結果として、夢や目標は実現するのであり、決して運によってかなう・かなわないが決まるものではありません。

セルフイメージは成長や幸福の限界も決める

自分でセルフイメージをコントロールした結果として夢や目標は実現するのであり、決して運によって決まるのではない、と言いました。

宝くじに当たった人のことを考えてみると、より話がわかりやすくなるかもしれません。

●いきなりお金持ちになっても維持できない?

仮に、ある人が3000万円の年収を得ることを目標にしていたとして、「自分は3000万円を稼げる人材になるんだ!」と強く決意し、実現後の自分のイメージを具体的に思い描きながら、脳の力を活用して努力する。そうすれば必ずそこに到達できる、とこの章では述べてきました。

一方でまったくそんな願いなど持っておらず、当然、何も行動していなかったのに、宝くじでいきなり3000万円を当てる人もいます。運だけで別の人の目標と同じ金額を手にした状況です。

しかし、3000万円という同じ金額を手にしたこの2人が、その後も同じ運命をたどるかといえば、多くのケースでそのようにはなりません。

実際に追跡調査をしたデータがあるわけではないので、どこまで信頼性のある話かはわかりませんが、宝くじで急に大金を手にした人は、その後の1、2年のうちにせっかくの当選金の大半を失ってしまうケースが少なくない、ということが世間ではよく言われます。多くの人は宝くじで一時的に裕福になっても、いつのまにかもともとの資産額に戻ってしまうというのです。

一方で、目標の達成に向けて「自分は3000万円を稼ぐことができる人間だ」というセルフイメージを周到につくり上げてきた人は、実際に3000万円の年収を得たあとにも、その翌年も、さらにその翌年も、同じような年収を手にしていくことがほとんどでしょう。

みなさんも、それは容易に想像できるはずです。

運ではなくセルフイメージこそが、夢や目標を現実にするうえでは強い影響力を持っている。この逸話からもそれがわかるのではないでしょうか?

●どんな過程を経るかはわからないが実現する

ここまで重要な「セルフイメージ」とは、厳密に言えば「**人が潜在的に、自分の脳内で思い描いている自分の姿**」のことです。

ある人が3000万円の収入を維持したいのであれば、それにふさわしいセルフイメージを持っていなければいけません。

3000万円の収入にふさわしいセルフイメージがある人は、仮に働いている会社の業績が落ちて給料が減額になったときには、すぐに「減少分を補わなければいけない」と感じます。昇進や転職によるキャリアアップを考えたり、副収入確保の手段を講じたりしますが、これらはほとんど自動的に、そのように考えたり動いたりするのです。

そうしたセルフイメージがなく、単に一時的な幸運で高い収入を得ただけの人では、何かアクシデントがあって収入が減っても、「減った分を補わないと」という意識がそもそも生じません。そのため一時的に増えた貯金も、最終的には使いはたしてしまうわけです。

また**セルフイメージには、そのセルフイメージにふさわしいものへと「現実」のほうを引き寄せる性質があります。**

「自分は3000万円の収入を得る人間だ」というセルフイメージをつくれた人は、たとえ今はまだ実際の収入レベルが追いついていなくても、脳の自動目的達成装置が自然に現実を引き寄せて、そのうち目標を達成してくれます。

その過程ではスキルアップのための本人の努力も必要となるでしょうし、投資のノウハウを学んだり、資格をとったり、独立して経営者になったりと、実現までの方法も多様でしょう。当初の予想とはまったく異なる過程を経る場合も少なくありません。

しかし、セルフイメージがしっかりとできてさえいれば、目標自体は必ず実現されるのです。

●現実はセルフイメージに制約される

これは、**その人のセルフイメージが自らの成長や幸福の限界を決める、**ということをも意味します。

高いレベルのセルフイメージがきちんとできていないのに、運だけで目標を達成してしまった宝くじ当選者の例では、むしろ現実がセルフイメージどおりの低いレベルへと早急に引き寄せられ、多くのケースで当初の状態に早々に戻っていました。

これと同じ理由で、ある人のセルフイメージが「3000万円の収入を得る」という状態であるのなら、現実はその人のセルフイメージどおりになるので、3000万円の目標は実現できたとしてもそれ以上の飛躍を望むことはできません。

それなりに豊かではありますが、収入は3000万円の状態でキープされ、1億円の年収を手にするような大成功者にはなれないでしょう。

しかも、この「3000万円の収入を得る」というセルフイメージは、お金に関してだけ特化し

たものです。その収入でどういう人生を送るのか、何をして幸福感を得たいのかまではイメージできていません。

そのため、3000万円という比較的高い年収を得ているけれど、私生活では離婚やトラブルに悩まされる「不幸な成功者」になってしまう可能性もあります。

そうした事態を避けるには、いったいどうしたらいいでしょうか？

●セルフイメージを具体化して落とし穴を避ける

夢や目標をかなえ、本当の意味で成長して幸福な人生を送るには、セルフイメージのレベルも夢や目標の実現度合い、あるいは自らの成長に沿って、少しずつ上げていくことが必要です。

つねに自分と向き合いつつ、夢や目標の再設定を定期的に行う必要性があるということです。

またお金や愛情、仕事、自己実現など、人生における幸福感に大きな影響を与える主要な分野ごとに、具体的な夢や目標を掲げ、それらを実現できるような精緻なセルフイメージをつくっていく必要もあります。

たとえば「理想のパートナーに出会える自分」というセルフイメージをつくれても、「そのパートナーとどんな生活を送りたいか」までイメージできていなければ、時が経つにつれて理想のパートナーとの関係が崩壊していくことだってありえます。

実際に男性の成功者が、女優やモデルのような美人と結婚したものの、すぐに離婚してしまうケースは非常に多くあります。

【なりたい自分】【かなえたい夢】【ドリームライフ】【理想のパートナー】【得たい富】など、実際には私たちには、多岐にわたる分野で実現したい夢があります。そのため、その一つひとつで具体的にセルフイメージをつくっていかないと、結局は曖昧な運任せの目標になってしまいます。

それでは、「夢がかなったのに、不幸な人生になってしまう」ことさえあるでしょう。

ビッグトークの法則では、そうならないように非常に具体的で、そのときどきの自分の理想に近いセルフイメージをつくり上げていきます。その方法を、これから伝授していきましょう。

カテゴリーごとに願望をリストアップ

●影響が大きい要素はある程度決まっている

最初に、セルフイメージを具体的にするための方法を見ていきましょう。

それにはまず「これがほしい」とか「こうなりたい」といった目先の願望にとらわれるのでなく、**さまざまなカテゴリーで自分が願っていることを、とにかく思いつくままに次々とリストアップしていくこと**が有効です。

これは前章でマンションのベランダから飛び下りる寸前までいったシンペイが、「障害者になってしまった自分でも実現可能なこと」を思いつくままにパソコンに打ち込んでいったのと同じ手法です。

カテゴリーの数はあなたの願いに応じていくらでも増やしてかまいませんが、経験的に、最初は次の6つの大きなカテゴリーごとに願望をリストアップしていくと、あなたの心の中に眠っている願いを上手に引き出せます。

この6つのカテゴリーは、人生における幸福感に大きな影響を与える主要な要素を最低限カバーしているからです。

①なりたい自分
②マネー
③キャリアやビジネス
④人間関係
⑤身につけたい習慣
⑥脱却したい悪習慣

人によってはこのほかに【結婚相手・パートナーについて】や【子どもについて】、【趣味について】といったカテゴリーを追加してもよいかもしれません。あるいは、これらの項目は【①なりたい自分】や【④人間関係】に含ませてもいいでしょう。細かい部分は自分のやりやすいようにすれば、それでOKです。

また、たとえば【⑤身につけたい習慣】には、【健康維持のためによいこと】も含まれるでしょう。だとするならば、ここに「ダイエットして今より15キロ痩せたい」とか、「毎日の睡眠時間を

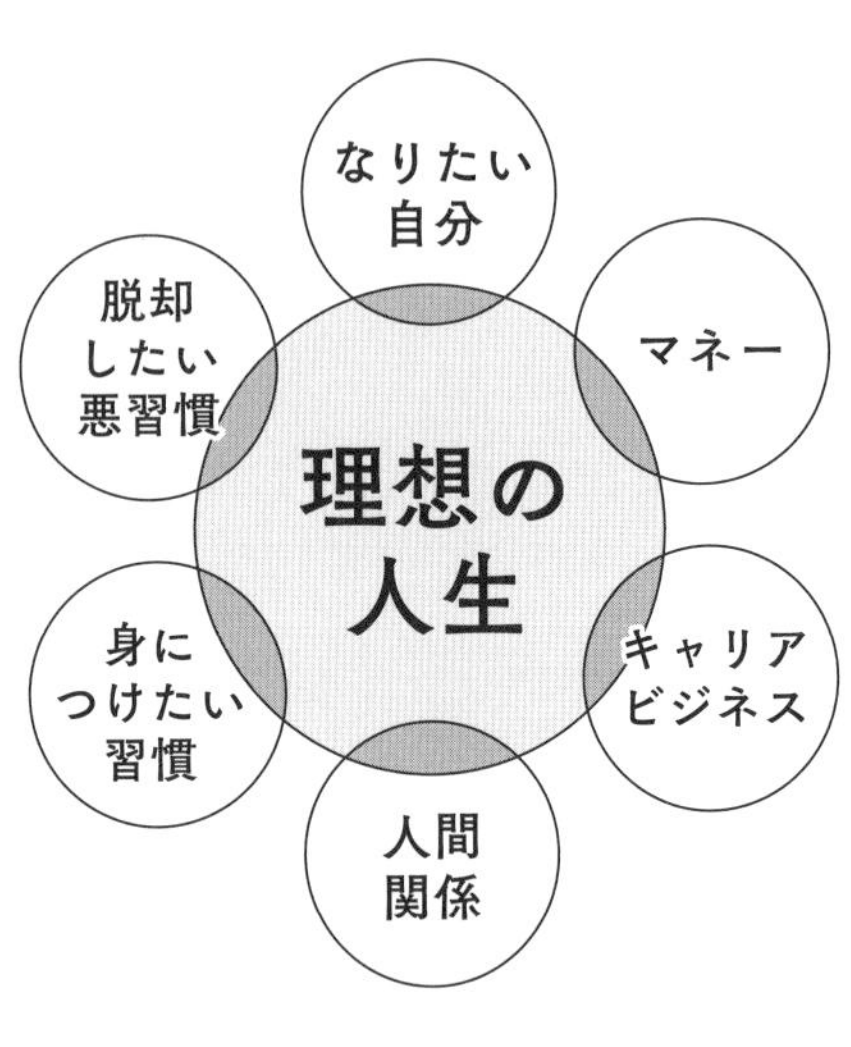

※ジャンルはいくつあってもよい。あとから追加してもOK。
※内容は人それぞれ。

増やしたい」などの願望もリストアップできるかもしれません。

あまり細かく考えすぎず、大ざっぱにカテゴリーを設定したら、あとは自由に「そうなったらいいな……」と思うことをリストアップしていきます。

なお、リストアップした願望を記録する方法は、シンペイがしたようにパソコンやスマホに打ち込むのでもかまいませんし、ノートやメモなどの紙に書き出すのでもかまいません。ただ、このうちのいずれかの方法がやりやすいでしょう。

重要なのは、**この時点では「どうやってその願望を実現するか」というハウツー（How To）の部分は完全に無視する**こと。

つまりリストアップする願望の内容は、「できそうにないこと」や「今は荒唐無稽に思えること」でも一向にかまわないということです。誰に見せるものでもありませんから、恥ずかしがらず、自らの欲望に任せて、本当に願っていることであれば何でも遠慮なくリストアップしていくことが大切です。

たくさんの願望を文字にすればするほど、自分が本当は何を実現したいのかが見えてきます。

●素直な気持ちで作業する

願望のリストアップにあたっては、「自らの本音と向き合う」ことも重要でしょう。

特にリストアップの最初のほうでは、世間の風潮や常識、他人の意見などにとらわれて、実際には心から望んでいるわけではないことを、自らの願望のひとつとしてリストアップすることがよくあります。

たとえば「出世して、自分の収入を上げる」ということだって、本当にあなたを幸せにしてくれる要素かどうかはわかりません。

実際にコロナの流行でテレワークが広がったのに合わせ、都会から地方在住に切り替え、のんびりと在宅で仕事をする人も増えています。収入は減るかもしれませんが、自分の望むライフスタイルにはそれが合っている。世間で言われる成功の形が、必ずしも自分にふさわしいとは限らないというのであれば、「出世して、自分の収入を上げる」という願望をリストアップしては、それは世間の風潮や常識に合わせてリストアップした「偽りの願望」ということになります。

あるいは今、付き合っている恋人がいたとして、その人が理想的なパートナーとは限りません。もし「本当はもう少し別のタイプの人がいいな……」と思っているのなら、自分の心に嘘をつかず、その願望もリストアップしておきましょう（ただし、そのリストは相手に見られないようにくれぐれも注意してください！）。

パートナーを替える選択のほかにも、時間の経過や成長とともに相手が変わることもありえます。

いずれにせよ、まずは心の赴くままに、すべての制約やしがらみを気にせず、あなたの願望をリストアップしていきましょう。

あとから願望のふるい分けも行いますから、この時点では「偽りの願望」かもしれなくても、とりあえずリストアップしていけば問題ありません。

願望のリストアップの例

「なりたい自分」カテゴリー

- 表情は晴れ晴れしていて、自信と希望を持っている。
- 背筋が伸びて姿勢がよく、声も大きく堂々としている。
- 体重を98キロから75キロまで落として、スマートな体になっている。
- 多くのLife Partner(人生のパートナー)と出会い、愛と友情に包まれた日々をエンジョイしている。
- 人生を自由に生きられるだけの経済力を実現した。
- 人生を自由に生きられるだけの時間を手に入れた。
- 仕事に便利な都心の一等地に、マイホームを購入した。
- 海岸沿いの町にセカンドハウスを手に入れた。
- 世界中を旅行した。
- エネルギッシュかつ情熱的に毎日を過ごしている。
- 両親も友人も安心している。
- 多くの人に尊敬されている。

⋮

※書き出した夢や願望が別のカテゴリーの範囲にかかっていても気にしない。

※「〜がほしい」「〜してみたい」などの【未来の文章】で書かず、「〜をしている」といった【現在の文章】、あるいは「〜した」などの【過去の文章】で書くこと。

「本気の願望」をふるい分ける

●理由がわかれば本気度もわかる

ひととおりリストアップが済んだら、いよいよ自分と向き合う作業の本番です。
紙に書き出したり、パソコンに打ち出したりした**一つひとつの願望に対し、それぞれ少なくとも3つ、できれば5つ以上の「それを実現したい理由・実現しなければならない理由」を考えて書き加えて（あるいは追加で打ち込んで）いきます。**

たとえばシンペイの願望リストにかつてあった項目のひとつ、「（海外の）ロースクールに行きたい」には、次のような理由が打ち込まれていました。

⦿単身でも世界を舞台に自立して生活できる、という自信をつけたいため

⦿目に障害を持っていても、法学修士まで取得すれば健常者と同様に評価されるはず。それによって大企業で活躍するチャンスを得る

◉難易度が高い法学修士を修めることが、自分には何よりも大きな自信となる。将来、健常者とも渡り合っていく中で、非常に大きな武器となるだろう

もう少し一般的な「ダイエットをして5キロ痩せたい」という願望であれば、たとえば次のような理由を挙げられるでしょう。

◉モテるようになりたいから
◉ダイエットに成功できれば、自分の外見に自信を持てるようになる
◉より積極的に外に出て、アクティブに行動できる性格になれるから

もちろんここで挙げたのはあくまで一例であり、読者のみなさんが自分にとって大事だと思う理由を好きなように書き出したり打ち込んだりしてください。

●隠れていた願望が浮き上がってくることも

ちなみに、こうして願望を実現したい理由を文字にしていくと、自分の中のより深い部分にある願望、いわば「**隠れ願望**」に気づくこともあります。

ダイエットの理由として「モテるようになりたいから」とか「彼氏・彼女をつくりたいから」「似合う服がないから」といった表層的な理由はいくらでも出てくるでしょうが、そうした理由の背後には、例に出したように「自分の外見にもっと自信を持てるようになりたい」とか「今よりも積極的で、アクティブに行動できるようになりたい」といったより本質的な理由、つまりは「隠れ願望」が潜んでいることが少なくありません。

そして、こうした隠れ願望は、必ずしもダイエットというひとつの方法だけで達成できるわけではありません。外見への自信ならば「流行りの新しい服を買う」「美容院に行く」、よりアクティブな行動ならば「趣味の人間関係を広げる」「自動車を購入する」などの行動でも、ある程度目的は達成できるでしょう。そのため、**いくつかの異なる願望で達成したい理由として、重複して出てくる項目もこうした隠れ願望の典型**と言えます。

自分と向き合う中でこういう隠れ願望を見つけたら、その隠れ願望自体を新たに願望のリストに追加してしまいましょう。同時に、隠れ願望を達成できる別の行動をリストに加えてもいいですね。

そうして新たに追加した願望に、それぞれ達成したい理由を考えていくことで、より深く自分の心と向き合うことができます。

●心がときめかないのは本当の願望ではない

逆に「どうしてその願望を実現させたいのか？」と掘り下げていった結果、本心ではあまりそうしたいとは望んでいない、偽りの願望であることに気づくケースもあります。

前項でも少し触れた「年収を○○○○万円にしたい」とか、「いくらいくらの貯金がほしい」といった願望はまさにその典型で、本当にほしいものはお金そのものではなく、それによって実現の可能性が高まるであろう「充実感のある生活」「世界中を旅行できるような立ち場」「安心・安全で快適な生活環境」などである、というケースは少なくありません（もちろんお金が好きで、自己肯定感を高めるためにも高い収入を本心から望む人も多くいます。どちらかと言えばシンペイやスティーブンもそうしたタイプですから、お金に関する願望のすべてが偽りであるわけではないことは、念のために付け加えておきます）。

いずれにせよ、**それぞれの願望を達成したい理由を一つひとつしっかりと考えていくと、なかなか理由を出せない願望が現れてきます。**それらに関しては、達成後の自分をイメージしたときにもあまり心がときめかないでしょう。**そうした願望は、偽りの願望としてリストから外す**、という方法で対応するのがお勧めです。

あるいは、その過程で「自分が本当に望んでいるのは○○ではなく、こっちだ」という納得が得られるはずなので、その本当に望んでいるもののほうを願望のリストに付け加えていき、再度、達成したい理由を深掘りしていきます。

●時間をかけて取り組めばよい

リストアップした願望について、一つひとつ「達成したい理由は？」と考えていくのですから、この作業はすぐに終わらせられるものではありません。願望のリストの長さにもよりますが、少なくともすべてを終えるのに数時間はかかるでしょう。途中で願望の追加をしたりもするので、丸1日以上かかることもあります。とはいえ、別に時間制限はありませんから、1日に30分ずつとか1時間ずつとか、時間を決めて慌てずにゆっくり進めるようにしてください。

「今日はこのカテゴリーについて」とか「明日はこの願望についてだけ」などと、少しずつでも着実に進めていきます。早くやることよりも、しっかりと自分の内面と向き合い、確実に理由を文章化することを意識していきます。

ちなみに、しばらく続けて慣れてくると、この達成したい理由を探す作業は非常に楽しいものになります。シンペイなどは仕事が終わったあとに3〜4時間も、習慣的に理由探しとテキストの打ち込みに没頭していた時期がありました。

この「文章にして残す」という行動は、ビッグトークの法則の方法論でも大きなカギとなる部分です。

願望のリストに達成したい理由を入れる

表情は晴れ晴れしていて、自信と希望を持っている。

- 難病や障害を抱えていることは事実であり、自分自身の一部。拒絶せずに受け入れることで、自分を愛せるようになりたい。
- 障害者であっても、それを理由にクヨクヨ生きるのはまっぴら。豊かで幸福な人生を送りたいから、表情や態度でもその姿勢を表したい。
- 病気やハンディキャップを言いわけにしている自分は嫌いだから。
- 一度しかない人生、最大限に全力で楽しみたいから。
- たとえ目は見えなくても、私は自由に生きることを選択したから。

多くのLife Partner（人生のパートナー）と出会い、愛と友情に包まれた日々をエンジョイしている。

- 友人との食事や異性とのデートも楽しみたい。
- 愛し合い、支え合う家族を持てれば、人生の幸福が何倍にもなると感じるから。
- 苦しいときには支え合うことのできる家族や友人を得て、両親を安心させたい。

⋮

※それぞれの願いや夢に対しできれば5つ、最低でも3つは達成したい理由を書き出す。多少、内容が重複しても問題ない。

願望をより具体的に、より現実的に磨き上げる

●実現方法より先に実現後を想像する

前項のふるい分けの作業により、達成したい願望それぞれについて理由を3つ以上書けたものについては、あなたが本心から「かなえたい」と望んでいるもの、心から渇望している夢や目標であると判断していいでしょう。そこで、次のステップではそのうちのひとつを選び、**その願望が実現したあとの未来をよりクリアに想像してみましょう。**

たとえばスティーブンがアイウェアブランドの輸入代理店を立ち上げたとき、まず思い浮かべたイメージは「みんながお洒落なメガネをかけ、幸せいっぱいの表情をしている」というものです。

そんなアイウェアを、その人たちはどのお店でどんなふうに購入するのか？「これステキ！ちょっとかけてみよう！」などと感じて、商品を手にとり、メガネをかけた顔を鏡で確認するのはどんなシチュエーションか？

こうしたイメージを脳内であらかじめ具体的に描いたことで、それらが実際のマーケティング戦略に結びつき、結果として事業を成功に導くことができました。

仕事をした先のワクワクする未来が具体的に思い描けなければ、何ごとにおいても成功はおぼつきません。逆に**ワクワクする未来が具体的にイメージできれば、それにふさわしい決断を、あなたの脳は自動的に選択してくれる**のです。

願望が達成されたとき、あなたや周囲の人はどう感じるか？　どのように反応するか？　モノに関する願望であれば、数はどれくらいか？　その重さ・大きさ・長さ・速さはどれくらいか？　肌触りや空気感に至るまで具体的に想像してみましょう。

あるいは人に関する願望であれば、相手の容姿や性格、出会い方、会話の内容などまで……。

とにかく本当にかなえたい願望についてひとつずつ細部を具体化していき、それらを言葉にして記録していきます。

●期限が設定されると願望が目標になる

そうしてイメージを具体化するとき、もうひとつ注意しておいてほしいのは「**それぞれの願望にタイムライン（期限）を設定する**」ことです。

いつまでにその願望を達成することが理想的なのか？

現実的な人生を歩む中で、予定以上に早く達成できることもあれば、遅れてしまうこともあるでしょう。それは願望の規模であったり、かなえやすさによって変わってきますが、いずれにしろイメージを明確にしたうえで、すべてに仮の期限をつけることが大切です。

そうすることによって、あなたの脳の自動目的達成装置がより活性化されるからです。

●つねに見直しと再インプットの作業を行う

のちほど詳しく説明しますが、こうしてリストアップし、さらに具体化することで現実的にした願望、およびそれらを達成したい理由は、日頃から時間をとって何度も読み返すようにします。

そのたびに願いをかなえた未来を想像し、感情を奮い立たせましょう。

自分の成長を確認し、タイムラインが間に合いそうになければ絶えず修正します。そうして実際の自分の成果を追うことは、願いの実現に対するモチベーションを高め、目標をより高いところに押し上げることにもつながるでしょう。

これらは仕事についても、恋愛についても、健康についても同じで、こうした作業は一度慣れると病みつきになります。楽しくてすぐに習慣化します。

どんなことでも同じですが、**最初の一歩を踏み出すときだけが大変**なのです。

願望を具体化し、タイムラインを決める

体重を98キロから75キロまで落として、
スマートな体になっている。

第一歩（24時間以内）	●ECサイトで体重計を購入。 ●体重を毎日記録する。
1週間以内	●近所のジムに入会。 ●間食をやめた。
1か月以内	●ジムに週2回通うことを習慣化した。 ●体重が少しずつ減ってきた（95キロ）。
半年以内	●体重を6キロ減らした（92キロ）。 ●間食ゼロを継続している。 ●毎日の計量も継続している。
1年以内	●12キロの減量に成功した（86キロ）。 ●間食をやめている
達成後（2年以内）	●体重や体型に関するコンプレックスが一切なくなり、容姿にも自信を持っている。 ●体重が24キロ減った（74キロ）。

※タイムラインの内容は、最初は現実的に思えなくてもOK。まずは「達成後」のイメージを具体化して記述し、次に24時間以内にすぐ実行する「第一歩」を決め、間の中間目標を埋めていくと書き出しやすい。

※上記のタイムラインの時間設定はあくまで一例。自分なりのペースでよいが、消極的になる必要もない。

RASの仕組みを認識して脳のパワーを引き出せ！

●「たまたま」は本当の「たまたま」ではない

ここまでに説明してきた自分と向き合うためのステップが、人間の脳の機能とどのように関わっているのかを一度説明しておきましょう。

すでに、私たちの脳は自動目的達成装置を内蔵しているという話をしました。その機能は「自律神経系」と呼ばれる生体反応を司る神経系に備わっており、脳内では「大脳辺縁系」と呼ばれる部位に機能が集中しています。

この大脳辺縁系の中で、大脳を毬(まり)状に包んでいる神経繊維が「RAS」です。

RASはReticular Activating Systemの略で、日本語では「網様体賦活系」や「網目様神経系」と呼ばれます。その機能は、簡単に言えば「情報のふるい分け」です。

たとえば、あなたが新車を買おうと思ったとします。少し豪華な例で「BMWがほしいな」と思ったとしましょう。

するとどういうわけか、街中でやたらとBMWの車が目につくようになります。あるいは新聞の折り込みチラシであったり、ネット上の広告などでも、BMWの車に関係する情報がやたらと目につくようになります。

これは偶然にBMWがブームになったのでも、たまたま新車のキャンペーンが始まったのでもありません。**あなたの脳に「BMWを手に入れるぞ」という目的がインプットされたために、日々、目や耳に入ってくる膨大な情報の中から、RASが目的に合致した情報を拾い上げ、あなたの意識をそこに向けるようにしている**、という状態です。

もともと世の中にはそれだけのBMWの車が走っているし、広告もそれなりに存在しているのです。キャンペーンもいろいろなタイミングで実施されているのでしょう。私たちの目や耳は、きちんとそれらの情報をキャッチしています。

ただ、BMWに特に関心がない状態では、私たちはそれに気づきません。

人間の脳には、五感をとおしてさまざまな情報がリアルタイムで入ってきています。電車の窓を通して見える風景から、歩いている街中の景色から、インターネットやSNSから、テレビや雑誌から、視覚情報だけを考えてもその数は膨大です。

そのため今の自分に必要な情報だけは漏らさずキャッチしつつ、必要のない情報はいちいち意識を向けずに切り捨て、忘れる機能が必須となります。そうしなければ、膨大な情報の処理に脳の機能が無駄遣いされてしまうからです。

この能力は、長く大自然の中で狩猟採集生活をしてきた人類が、進化の過程で獲得した生き残りのための能力だと佐藤富雄は考えていました。

そして、一方では膨大な情報を切り捨てて忘れながら、脳に「ほしい・必要だ」という情報がインプットされている対象であれば、脳は雑多な情報から関連する情報を自然と収集し、そこに意識の注意を向けさせるのです。

——実に便利な機能だと思いませんか?

このRASは人間であれば誰もが持ち、全員に公平に与えられている〝秘密兵器〟です。

ただ、自分自身の幸福の実現のために、どれだけ活用しているかは人によってさまざまです。

RASの機能は、セルフイメージや実現したい願望の具体性に大きな影響を受けます。自分は運がよい人間だと思っていれば、それを肯定するような情報や世界観を目の前に用意してくれます。本当は運が悪いと思えそうな情報もたくさんあるけれど、そういう情報は切り捨てて忘れ、「自分は運がよい」と認識できるような情報だけに気づくようになるのです。

逆に、自分は運が悪い人間だと思い込んでいれば、そう思えるような情報ばかりをRASはあなたに用意し、それ以外は切り捨てるでしょう。切り捨てられた情報はなかなか認識できませんから、本人にとっては現実に運が悪いと感じられるようになるのです。

RASはよい方向に利用することもできるし、使い方によってはむしろ人生に悪影響を与えることもあります。

夢や目標を達成し、幸福になりたいのであれば、つねに正しい情報・指令をRASに入力しておく必要があるでしょう。

願望をリストアップし、それらの願望一つひとつに向き合って具体化していく作業は、そのための重要な手段なのです。

仮に今はバリアがあったとしても、RASの機能を知って意識的に活用することで、人生は180度逆転できます。人間関係なども、RASによって激変させることが可能です。

●RASのコントロールで人生は思いのままに

RASをうまくコントロールすれば、今はまるで手が届かないように思える願望でも、私たちはそれを手にできるようになります。

再び、シンペイの話を思い出してみてください。

病気によって大学時代に視力の大部分を失い、夜道を1人で歩くことすら大変な体になってしまいました。しかもステロイド薬の副作用でブクブクに太ってしまい、全身に亀裂が入るような状態でした。

正直に想像して、このような境遇に陥った人が、まともに恋愛や結婚ができると思うでしょうか？　就職も、きちんとできると思うでしょうか？

けれどもシンペイは、自身の逆境にめげることなく、願望のリストアップを行いました。恋愛や結婚に関して言えば、理想の女性を思い描き、その女性とどんなふうに出逢い、どんなふうに結婚して、どんな生活をするかまで具体的にイメージし続けました。

もちろん、その願望の実現には自分自身が変わらなければならないことも理解していました。

願いがかなうとき、自分はどんな状態だろうか？　どんな外見で、どんなキャリアを築き、どんなふうに理想の相手にアピールできる人間になっているだろうか？　今は病気のために背負っているハンデを乗り越え、どんなふうに自分を変えられるのかを具体的にイメージし続けました。

当時、そのイメージは細部まで具体的なものになっており、A４判のワード（Word）文章で30～40ページにも相当する文量になっていました。

そして、障害を持っている者なりに肉体を改造する手段を見つけて、少しずつ自分を理想のイメージに近づけていきました。運動能力を改善し、コミュニケーションスキルを磨き、さまざまな場で社交的な付き合いもする。そうして少しでも理想に近づいたら、そのたびに未来のパートナーや結婚に対するイメージを更新させました。

そんなふうにRASへの入力作業を続けた結果、いつのまにかシンペイは、一般には「要職」と言われるような仕事をし、かなりの金額を毎年稼ぐようになっていました。

当初とは外見も大きく変わりました。30代になった頃には、初対面の人であれば、シンペイが視力がほとんどない障害者であるとはほとんど気づかなくなりました。何かのスポーツに打ち込んでいるアスリートだと見られることも多くなりました。

そしてあるとき、ずっと自分が文章にしてきたとおりの女性と出会います。「あっ、この人なんだな！」と、会った瞬間にわかりました。

一般的な世間の常識から言えば、ハンディキャップを持つシンペイにはとても釣り合わないくらい素敵な女性です。普通なら気後れして、声をかけることもできないかもしれません。

しかし、イメージしていたとおりの人なのですから、シンペイに迷いはありませんでした。出会ったときにどうやって声をかけるかまで、事前にイメージもしていたのです。

シンペイは自然に彼女にアプローチをすることができ、トントン拍子でお付き合いが始まり、最後には人生の伴侶として結婚することになったのです。今では1人の娘にも恵まれています。

これはあくまでも一例ですが、RASを意識的にコントロールしていけば、本当に人生を自分の望む方向にデザインできるのです。

●ビジネス上の目標実現にも当然使える

仕事上の成功についても同様で、たとえばシンペイが30代の頃、「もっと大きなチームで、規模の大きなプロジェクトに参加したいな」と願っていた時期がありました。

そこでシンペイは、その願望についても細部の具体化やイメージの強化を行い、意識してRASへの入力を続けました。

するとタイミングよく、誰もが知っているようなある米国企業の新部門立ち上げメンバーに参加するよう誘われたのです。

それは表参道のバーで何気なく友人と会話をしていたら、たまたまその中に関係者がいて、話が弾んで最終的に「ウチでチャレンジしてみないか？」と誘われた、という経緯です。

何も知らない人からすれば、まったくのラッキーでひょんなことからチャンスを手に入れたように感じるかもしれませんが、実はずっと以前からシンペイが自分の願望に向き合い、セルフイメージをつくり、RASへの願望の入力を続けていたことが背景にあったのです。

同様に、スティーブンの場合もRASの機能を使い、大きなビジネスのチャンスをつかんだことが何度もあります。たとえば兄の会社から独立して、自らアイウェアの会社を立ち上げたときもそうでした。

兄の会社でファッションの仕事をしているときから、スティーブンは従来の「メガネ」をお洒落な「アイウェア」として捉え直せば、もっと売上が伸びる分野になるのではと思っていました。特にあるお気に入りの海外ブランドに関しては、自分の会社で日本における輸入代理店ができたらと熱望していました。

すでに佐藤富雄の薫陶を受けていたスティーブンは、ただ熱望するだけではなく、具体的な成功後のイメージを脳内に描き出します。

つねにそんなふうにしてイメージを具体化し、RASへの入力を続けていると、脳は自動的にそれ相応の行動をとらせます。

スティーブンがファッション業界にいたことを利用して、ちゃんと願望の達成が可能になるような人脈を自然につくり、ことあるごとにスティーブンにビジネスのアイデアを語らせて、本人がそうとは意識していなくとも関係人脈へのアピールをさせていたのです。

結果、ある関係者の耳にそのアイデアが入り、「君に、我が社のアイウェアブランドの日本における輸入代理店を引き受けてほしい」というオファーをもらうことになったのです。

●RASが仕事をするまで待つことも大切

やるべきことは簡単です。

自分の願望と正面から向かい合い、その願望のイメージを具体化していくだけです。

本章で説明したとおり、**【達成したい理由を掘り下げる】↓【未来までを含めた具体的なイメージをつくり上げる】↓【タイムライン（期限）をつける】という簡単な作業**です。

あとは日々それを繰り返して、願望のイメージを更新していくだけで、人生の多くのことは思いどおりに転がるようになります。

ただし、それには多少の時間がかかります。

RASによる脳の自動目的達成機能のことを知らないために、多くの人はRASがまだ仕事をしている途中で待ち切れなくなり、心が折れて、あきらめてしまいます。

「これは自分にはムリだ」「実現しなくても、別にかまわないではないか」となってしまうことが多いのです。

もちろん本心から望んでいる願望ではないのなら、実現しなくてもまったく問題はありません。けれども多くの人は、ほんの少し自分の生活を今より快適にしたり、ほんの少し今より楽しい人生を自らに用意したりする程度のことでも、「そんなことができるわけない」とあきらめてしまいます。これは、とても残念なことです。

途中であきらめることなく、ビッグトークの法則で夢や願望を実現するには、**まずはRASによる脳の自動目的達成機能のことをしっかり認識すること**。

そのうえで**「自分は今より上のステージに立てる存在である」というセルフイメージを持ち、何があっても目標は実現されると確信する精神的な強さ・自信を手にする**必要があるでしょう。

そんな自信や強さをどのようにすれば持てるのか？

それには、夢や目標の達成に向かって具体的な行動（Action）を起こし、日々の小さな成功体験を自信へと変えていくのがもっとも有効です。

具体的なアクションを起こして達成への自信や確信を育てる

ここまで述べてきたことを、少し整理しておきましょう。

ビッグトークの法則における「自分とのコミュニケーション」では、あなたに次の5つのチャレンジをしてもらいました。

●すぐに着手できる行動を始める

①達成したい願望や目標のカテゴリーを作成する（6つのカテゴリーを参考に）
②カテゴリーごとに達成したい願望や目標を考える
③願望や目標ごとに、それを達成したい理由・しなければならない理由をいくつか考える（最低3つ）
④願望や目標を達成したあとの自分の姿を具体的にイメージする
⑤それぞれの願望や目標について、いつ達成するかのタイムラインを設定する

ここまでのステップを実践できたら、さらに次の行動に移ります。

すなわち、**成功体験をつくるための行動**です。
①〜⑤のステップを振り返りながら、「その願望や目標の達成のためには、今どんな行動をとるべきか」を考えてみましょう。
「こういうことを意識して1日仕事をしよう」とか、「できれば明日、こういうチャレンジをしてみよう」などと、願望や目標の達成のためにすぐに行動できることを考えるわけです。

そして、恐れずにその行動を実践してみます。

これが6つめのステップとなります。

⑥すぐにできる具体的なアクションを設定して、実行する

具体的にとるべきアクションは、たとえば目標が「5キロのダイエットをする」ということであれば、簡単に想像できるでしょう。

「近所のジムと契約して通い始める」でも、もちろんOK。それがチャレンジとして大きすぎるのであれば、「明日の朝ジョギングをしてみる」とか「食事のメニューを1週間変えてみる」といった、すぐにでも実行可能な生活習慣の改善策でもいいでしょう。

あるいは「理想のパートナーに出会う」といった、自分の力だけではすぐにどうにかできそうにない大きな願望・目標であれば、常識にとらわれず、また、すぐにあきらめずに、少しでも実現の可能性を高めてくれそうなアクションを考え、とにかくひとつずつ着実に実行していきましょう。

「婚活パーティーに出る」のもいいでしょう。ただ、それは毎日できることではありません。

「出会った異性に片っ端から声をかける」のは、逆効果になる可能性が高いでしょう。

むしろ、もっと手軽に始められる小さな行動から実行するのをお勧めします。たとえば「SNSのプロフィールにパートナー募集中や婚活中であることを明記する」程度のことでも、どこかで異性へのアピールにつながっていくかもしれません。

あるいは「自分のことを誰かに紹介してくれそうな人脈づくりをする」方向で考えてみることもできるはず。「理想のパートナーが参加していそうな集まりやサークルに自分も参加してみる」といった行動です。

ほかにも「心理学の勉強をする」「コミュニケーションのスキルを向上させる」「清潔感や印象を向上させるために友人のアドバイスを受ける」「気恥ずかしくても流行りの服装を見にいってみる」「魅力的な男性や女性が登場する映画やドラマ、小説を読んで参考にする」などなど……。

「少しでも願望や目標の実現につながるのでは？」と考えていけば、いくらでも試すべきアクションは出てきます。

達成を意識しなければ、同じ行動をしても学びになりません。逆に**小さなことでも意識的に積み重ねていけば、学びとなりやがて大きな成功へとつながっていきます。**

「3000万円の年収を手にする」ために、必ずしも「明日、会社を辞める」必要などありません。いつかはそうした大きな決断をする必要が出てくるかもしれませんが、それはある程度、自信や確信ができてからで大丈夫です。

最初はすぐに行動できること、すぐに実行できることから始めればそれでOK。大切なのは、今どういう行動を「とりたい」かであり、「とるべき」などと強制的に考えてはいけません。

そうして願望や目標の達成に向けた細かい行動を実際に行っていけば、小さな成功体験を積み重ねることができ、より大きな行動変容を実現するための自信や確信をつくることができます。

●いきなり高すぎるハードルを設定しない

願望や目標の達成に役立つ新しい習慣を自分に根づかせるには、「その行動を続けることで、自分は本当に変わっていきそうだ」という確信がなければいけません。

ひょっとしたらあなたは、これまでにも自己啓発の本などを読んで、自分の習慣や考え方を改善するためのさまざまな手法にチャレンジしたことがあるかもしれません。

あるいはセミナーなどに行って、「いい話を聞いた。やってみよう！」とトライしたことがあるかもしれません。

けれども、最初はがんばったけれど長続きせず、しばらくしたらやめてしまって振り出しに戻る。何も変わらなかった、というケースがほとんどではないでしょうか？

それは必ずしも怠けたあなたが悪いのではなく、やってみてすぐに「これはいける！」と手応えを感じることができなかったから、という理由がある場合が多いです。

人間は結局、効果に確信が持てないものを長く続けられません。

「それでも自分を信じなさい」とか、「あきらめなければ夢は実現するはずだ」と世間ではよく言われますが、そんな強さを持てる人間のほうが少数派です。

弱い私たちは、まずは簡単なことから始め、小さいけれどわかりやすいポジティブな結果を次々と出していくことが大切です。

人は一度成功すると、それが成功体験や自信となってもっと大きなことを目標に掲げるようになります。しかしそうなる前に、いきなりギア全開で大きな目標へと動き出しても長続きはしません。

自分たちのそうした性質を理解したうえで、最初はどのくらいのギアでスタートするかを考えないといけないのです。

たとえば「1か月で15キロ痩せる」などという高い目標を掲げ、「毎日1時間のランニングをする」「食事は野菜しか食べない」などと厳しい行動を自分に課せば、すぐに体が保たなくなります。

精神的にも、やり切れるだけの強さを持っている人はほとんどいないでしょう。それよりは、最初から願望・目標は「1か月で3キロ痩せる」くらいの実現できそうなレベルにしておき、行動についても最初は「1日20回のスクワットをする」くらいの簡単なものから始めましょう。

そうすれば行動の計画と実行、その後の達成という小さな成功体験を積み重ねられますから、自分の意志力や能力にも自信が持てて、やがては「もう少しがんばろう」と運動量が多くなっていきます。

同様に仕事に関する願望や目標であれば、いきなり大きな結果を出すことを目的にはせず、まずは専門分野に関する専門書や解説書を1冊読み切り、次はそこに書いてあることを実践する方法を考えていく、くらいの行動を設定するのがお勧めです。

これらの行動をひとつずつ実行に移していくだけでも、自分の専門分野での実力をかなりの程度伸ばすことが可能です。

毎日自分と向き合う時間をつくり、行動の結果を記録する

●朝晩に「自己管理」を行う

行動に関しては、**行動した結果を細かく確認し、記録していくことも重要**です。自分とのコミュニケーションにおけるステップとしては、以下の7つめとなります。

⑦アクションに対する、小さな成果を記録していく

これをしっかり行っていくには、「**毎日、確実に自分と向き合う時間をつくる**」ことが死活的に重要です。

時間は短くてもかまいません。重要なのは頻度で、特に最初のうちは毎日、朝と夜に数分〜15分、可能なら30分程度は自分と向き合う時間をとってほしいと思います。

たとえば眠る前のタイミングで、自分の願望や目標、その実現に向けての行動を見直し、その日実行したことを記録していきます。行動の結果、成功したのか、失敗したのか。成功したのであればそれについてどう思ったか。失敗したのであればなぜ失敗したのか、どう軌道修正していくのか、どう思ったのか——こうしたことについて気軽に記録していきましょう。

なお、多忙な生活の中で、自分が設定した「目標や願望達成のための行動」をさぼってしまうことがあるかもしれませんが、それもそのまま記録するようにしましょう。一方で、さぼらずに実行できたときにはその事実を記録することも忘れないでください。

記録の方法については自由で、パソコンやスマホで打ち込んだ願望や目標のリストにそのまま追記してもいいでしょう。ちなみにシンペイの場合は、頻繁にリストに書き込むとテキストの文量が多くなりすぎるので、日々の記録や見直しについてはＩＣレコーダーに音声の形で吹き込むようにしていました。

一方で朝の時間については、願望や目標、その達成に向けてやろうとしている行動を声に出して読み上げ、その日のモチベーションを引き上げてから会社に出勤するようなルーチンをつくってみてはどうでしょうか。

シンペイも、朝は前日の夜に吹き込んだ自分の音声をレコーダーで再生しながら、復唱したいところは（周囲に注意しつつ）小さな声でつぶやき、毎日電車に乗って出勤していました。

子どもの頃によく耳にしたＣＭのテーマソングなどは、意識して覚えたつもりはないのにいつのまにか脳に刷り込まれ、なかなか忘れません。みなさんも、年をとってからもなんとなく口ずさめる昔のＣＭソングがひとつやふたつはあるのではないでしょうか？

同様に、脳のＲＡＳに夢や目標を刷り込むのに、耳から情報を入力するのは非常に効果的な方法なのです。

●客観的に把握でき自信につながる

行動の結果や成果を毎日細かく記録することも、脳のＲＡＳを刺激します。

人は日々成長していきます。自分の願望や目標の実現に向かって一歩ずつ進んでいきますが、その「一歩ずつ進んでいる」という事実を、忙しい日々を送っている人はなかなか認識できません。

過剰にも過小にも評価せずに、行動の結果を純粋なデータとして記述していくことで、多くの人が少しずつ進んでいる事実を素直に受け取れるようになります。「自分は、少しずつでもこれだけ進歩しているんだ」と認識できるようになるのです。

これもまた自信や確信を深めることになりますし、ゴールに向かって正しい方向に進んでいることを脳のＲＡＳにインプットする効果があります。

Chapter 3 まとめ

- 願いをかなえるには、バディとの対話の前に自分とのコミュニケーションをしっかりとることも重要。それにより夢や目標を達成しやすい状況をつくることで、今は「運任せ」と思えるような願望もかなうようになる。
- あなたを取り巻く現実は、自らの抱いているセルフイメージのとおりになる。ある夢や目標を自分が達成するのが当然だと認識できていれば、その夢や目標は必ず実現する。
- セルフイメージが曖昧では夢や願望の実現は遠い。人生に大きな影響を与えるいくつかのカテゴリーごとに、自らの願望を具体的に文字化しリストアップすることで、より強固なセルフイメージを形成する助けになる。
- リストアップした夢や願望のそれぞれについて、達成したい理由を最低3つ挙げていくと、自分が本当に望んでいることなのかどうかスクリーニングできる。またその理由から、隠されていた本当の夢や願望が浮かび上がってくることもある。
- 夢や願望にタイムライン（期限）を設定することもセルフイメージの具体化には有効。

Chapter 3 まとめ

☑ 具体的で強固なセルフイメージが現実を引き寄せるのは、脳の自動目的達成装置によるもの。その機能を脳内で担っているのがＲＡＳ（網様体賦活系）と呼ばれる部位。ＲＡＳに夢や願望を文字化した情報として明確にインプットすると、日々、目や耳にしている膨大な周囲の情報の中から、目標達成に関連する情報だけを選び、そこに意識の注意を向けてくれる働きがある。これにより、主観的には周囲の現実が目標達成に向けて都合よく転がっていくような感覚になることも。

☑ 夢や願望の達成へのプロセスの途中で、勝手にあきらめてしまわないように、毎日、朝と夜に自分と向き合う「自己管理」の時間をとるとよい。日々、目標達成に向けて今すぐにできる行動を検討し、実際に試してみることが大切。

☑ 自己管理の時間には、日々の行動の結果を記録し、小さな成功体験を積み重ねよう。同時に夢や願望のリストをつねに読み返すことで、脳のＲＡＳへの前向きな情報入力を習慣化できる。

Chapter

4

ネガティブな感情も味方につける

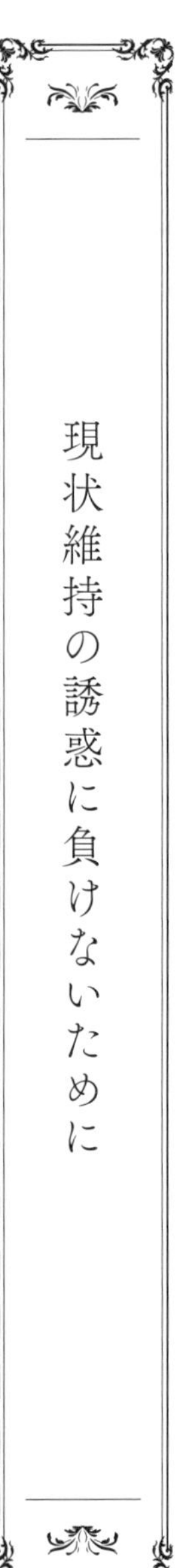

現状維持の誘惑に負けないために

前章までに紹介した、ビッグトークの法則による自分との対話は、次のような手順を踏むものでした。

●「不快のステップ」をあえて取り入れる理由

①達成したい願望や目標のカテゴリーを作成する（6つのカテゴリーを参考に）
②カテゴリーごとに達成したい願望や目標を考える
③願望や目標ごとに、それを達成したい理由・しなければならない理由をいくつか考える（最低3つ）
④願望や目標を達成したあとの自分の姿を具体的にイメージする
⑤それぞれの願望や目標について、いつ達成するかのタイムラインを設定する
⑥すぐにできる具体的なアクションを設定して、実行する
⑦アクションに対する、小さな成果を記録していく

ここまでは自己啓発分野では比較的オーソドックスな手法であり、類似したノウハウを提唱している専門家の方も多いかもしれません。

けれどもこの4章で述べる次のステップは違います。これまでを「快のステップ」とすれば、これから行う3つのステップは反対の「不快のステップ」となります。

先に紹介しておくと、次の3ステップです。

⑧願望や目標を達成できなかったときの「みじめな自分」を想像する
⑨願望や目標ごとに、自分はなぜそれが未達成になるのを回避したいか考える
⑩目標達成をあきらめかけている自分へのエールを作成する

「快」というのは、想像するだけでワクワクする状態のこと。私たちが願望や目標として設定するのは、まさにそんな「快の未来像」がほとんどです。

一方で「不快の未来像」は、私たちに不安を抱かせ、未来への楽しい希望を打ち砕きます。

そのために多くの自己啓発書では、こうした不快な未来像を「思い描くべきでない」としています。それは、私たちのメンターであった佐藤富雄の理論でも例外ではありませんでした。

不安な心理やネガティブなイメージは、脳の自動目的達成装置を容易にOFFにしてしまうとして、彼の本でも不快の未来像に心の焦点をあてるべきではないとしているのです。

ところが、本書のビッグトークの法則では、あえてあなたに不快な未来を想像してもらいます。「⑧願望や目標を達成できなかったときの『みじめな自分』を想像する」ステップです。

この作業を実行すると、当然ながら不安感が生じますし、イヤな時間を自分に強いることにもなります。それでもあえて不快な想像をするのは、私たちが「人間のリスク回避本能」の強さを重くとらえているからです。

どんなに楽しくワクワクする目標であっても、私たちの中にある「リスク回避本能」は、ときに願望や目標を否定してしまいます。……いったい、どういうことでしょうか？

●ファーストペンギンと「その他大勢」の違い

「行動を起こすべきか？　起こさないほうがよいか？」と問われれば、自分を変えるために多くの人は「行動を起こすべきだ」と答えるでしょう。

しかし、そう思いながらも実際に行動する人は少数派です。

現在の身の回りの状況が改善されるかもしれない。成功をその手につかめるかもしれない――それでも行動を躊躇(ちゅうちょ)してしまう。こうした（よくある）状況には、生物に備わったある種の本能が影響しています。

「ファーストペンギン」という言葉を聞いたことがあるでしょうか？

ペンギンの群れが氷上を移動し、新しい海岸にやって来たとしましょう。みんながお腹を空かせているので、「この辺りでご飯にしよう」ということになりますが、海に飛び込んで魚を捕ろうとするペンギンがなかなか現れません。

いったいなぜか？

それはまさしく、「前例がないから」です。

初めてたどりついた海岸です。魚を捕るために飛び込めば、そこにどんな危険が潜んでいるかわかりません。サメやシャチ、ヒョウアザラシのような肉食動物が潜んでいて、ペンギンが海に飛び込んだ瞬間にパクっと自分がエサになってしまう可能性があります。

「怖い……」と思えば、その場でみなが立ち止まってしまうのも当然ですね。

けれども、そのまま全員（全羽）が海を前にして躊躇していても埒があきません。お腹は満たされず、放っておいたら小さなヒナたちが餓死してしまいます。

そこで登場するのが、ファーストペンギンなのです。

ファーストペンギン、すなわち「最初のペンギン」は、リスクをとって率先して海に飛び込み、そこが安全かどうかを確かめます。危険はありますが、代わりに手つかずの漁場で多くのエサを手にできるでしょう。

そして、そのファーストペンギンの様子を見て、仲間たちも次々と海に飛び込み、自分や子どもたちのエサを確保する、というわけです。ただし、このときにはほかのペンギンとの競争になりますし、すでにファーストペンギンが多くの魚を捕らえたあとですから、満足できる量の魚を捕らえるのは難しいかもしれません。

住み慣れた環境を変えたり、新しい食べ物を食してみたりということは、生物にとっては生死を賭けたリスクです。そのため、できれば今まで過ごしてきた安全な環境や、安全な食べ物に依存していたほうがいいと考えます。**これまでにはない行動に及んで新しいチャレンジをすることを、生物は基本的に恐れる**のです。

これが、私たち人間にも備わっている「リスク回避本能」です。

願望や目標の達成のために、これまでの習慣を変えたり仕事のやり方を変えたり、あるいは新しい考え方を受け入れるというのも同じです。それらは新しい変化を引き寄せるため、私たちはリスクを恐れて、どうしても「今までと変わらない状態」に踏みとどまろうとしてしまいます。

しかし、ほんの一部のファーストペンギンは、その本能による恐れを振り切ってほかのペンギンより早く行動したことで、より早く、より容易に多くのエサを手にできました。

最初に行動するペンギンと、誰かが行動するまで待っているペンギン……あなたは、どちらになりたいですか？

●「原始的なリスク」に惑わされない

ファーストペンギンは、確かに肉食動物に補食される危険があります。そのため、率先して行動することを躊躇するのもわかります。

しかし、現代の人間が選択する行動には、そんなふうに死の危険と隣り合わせになる選択肢などめったにありません。

確かに原始時代であれば、「新大陸に上陸したら、そこには未知の感染症が存在していた」とか「食料不足だったので見かけない魚を食べてみたら、内蔵に毒を含んでいて死んでしまった」などということが頻繁にあったでしょう。人類の進歩の過程では、リスクを顧みない多くの挑戦者たちの犠牲があったはずです。

しかし、「新事業にチャレンジする」とか「好きな相手に告白する」といった現代の私たちの行動には、命を奪われるリスクなどまず存在しません。ましてや「習慣を変える」などということは、合わなかったらやめればいいだけの話でしかありません。

それなのに、**生物としてのリスク回避の本能が、新しいチャレンジを必要以上に怖がらせている**のです。私たちは、この事実をよくよく認識すべきでしょう。

また、私たちは「行動しなかった場合のリスク」があることも往々にして忘れています。

たとえばファーストペンギンがいなかった場合を考えてみてください。

食事が得られず、ペンギンの群れは危機に瀕してしまうでしょう。じっとしていたら全滅してしまうのであれば、どんなに怖くても誰かが思い切って、エサを探しに海へ飛び込んでみなければ仕方がないのです。

つまり**行動しなければ行動しないで、やはりリスクがあります**。

会社の売上が落ち込んでいるときには、思い切って新事業を始めなければいけないことがあります。新事業が成功するとは限りませんし、軌道に乗せるまでが大変です。そのために多くの会社が躊躇するのですが、余力があるうちに新しい分野に挑戦しなかったがために衰退し、なくなってしまった会社は過去にたくさん存在しました。

有名な例はコダックです。かつてカメラのアナログフィルムで世界ナンバーワンのシェアを持っていた米国の会社です。

コダックは新しくデジタルカメラが開発されたとき、いち早く自社でもデジタルカメラの開発をしていたのですが、従来の主力商品であるフィルムに注力することを選び、リスクの高い新事業であるデジタルカメラ部門を大きく展開しようとしませんでした。

結果、技術の進展とともにフィルムカメラがほとんど使われなくなり、デジタルカメラに主流が移ったときには、すでに新事業に挑戦するだけの余力がなくなっていたのです。最後には、コダックは破綻して会社ごとなくなってしまいました。

今リスクを取って挑戦することで将来のリスクを減らせる、というケースは少なくありません。「まだその時ではない」などと躊躇していると、気づいたときには取り返しがつかないくらい、傷口は大きく広がっているものなのです。

達成できない場合の不快感が実行への起爆剤

●「行動しないリスク」をリアルに想像

行動しなければ、未来は何も変わりません。

しかし先述したように、その行動を私たちは本能で恐れてしまいます。

その本能を押さえつけて、実際の行動につなげるには、「行動しなかった場合のリスク」を先に詳しく想像しておくことが役立ちます。

たとえばダイエットであれば、大好きなおやつを我慢したり、運動を続けたりという一種の「不快」を伴う行動をしなければなりません。その不快の度合いが高い人は、「痩せなきゃ」と思ってもなかなかダイエットを始められないし、いざ始めても三日坊主に終わったりします。

このとき、「今、ダイエットをしなかったら将来どうなるか？」を具体的にイメージしてみると、現状を変えるのに役立つのです。

ダイエットしなければ、太ったままなので他人に与える印象があまりよくない可能性があるでしょう。

好きな人ができても、外見に自信がなくてアプローチできないかもしれません。

あるいは周りの人にバカにされたり、嫌われたりすることがあるかもしれない……。

これらは、明らかに「不快な状態」ですよね？

こうした想像をしたうえで、ダイエットをする場合の「不快」と、しない場合の「不快」、どちらの不快が大きいのかを冷静に考えて比べてみるのです。

ダイエットをしなかった場合のマイナスのほうが大きく、またその差が大きければ大きいほど、不快な将来を避けるために、今、ダイエットするという行動を起こしやすくなるでしょう。

同時に、ダイエットを実行することを選べば、その先には「快」な未来も待っています。

スタイルがよくなって自信につながったり、異性にモテるようにもなるかもしれません。

そうしたプラスがあり、さらにはマイナスを避けられるというメリットもあることがしっかりと把握できれば、脳の自動目的達成装置のスイッチをスムーズにONにできるでしょう。

●たいていは「不快」のほうがイメージしやすい

脳の自動目的達成装置にスイッチを入れるには、しっかりとしたセルフイメージが重要なことを前述しました。ただ、未来のことは不確定で、さらにはまだ経験したことがない状態であることから、たとえば「ダイエットを実現した状態」をうまく想像しにくいことがあります。

セルフイメージが具体的に描けなければ、なかなかスイッチが入りません。

こういうときには、**プラスの「快」ではなく、マイナスの「不快」のほうがイメージしやすいこともあります。**

「快」と「不快」は双子の存在です。

行動を起こした先の「快」と対になって、行動によって生まれる「不快」が必ずあります。

行動できるかどうかは、そのバランスによって決まります。

しかし、行動によって生まれる「不快」は、今はまだ見えない「快」と違ってつねにリアルタイムであなたにのしかかってきます。そのため、具体的にイメージしやすい特徴があります。

今まさに感じている「不快」を手がかりに、未来に待ち構えている「不快」を具体的に想像し、あわせて将来の「快」をもイメージする。

これこそが、目の前の不快や、現状維持をしたがるリスク回避の本能というハードルを乗り越えて、私たちが実行へ向けて動き出す一番効果的な方法でしょう。

実際にビジネスやスポーツの成功者には、どん底のような境遇で培ったハングリー精神をバネにして、光の当たるステージまではい上がってきた人々が大勢います。

「このままでは終われない」とか「周囲を見返してやりたい」という感情は、決して前向きのものではありません。けれども、**ときには「成功したい」という「快」の感情より、「不快」な状態をなくそうとする後ろ向きな気持ちのほうが、強力な推進力となることがあります。**

自分自身の行動をコントロールしようとするときに、この効果を活用しない手はないだろう、というのが私たちの考えです。

●コンプレックスが実行力の源泉に

スティーブンも、2章で述べたようにお金に関するコンプレックスを成功への発奮材料としてきました。スティーブンの場合、証券会社時代に出会ったメンターでもある先輩から、真剣に仕事と向き合うことの大切さを学びました。そのために今でも、「重厚感のある起業家でありたい」というセルフイメージを持っています。

だからこそ、地に足がついていない「フワフワ」としたアントレプレナー（起業家）たちに接することがあると、「絶対に負けたくない」と強く感じます。それは、スティーブンのビジネスパーソンとしての「誇り」にも似たものでしょう。

スティーブンは起業した当時、さまざまな若きアントレプレナーたちと交流する機会がありました。彼らのほとんどは、尊敬に値する人格者や努力家でしたが、ごくまれにスティーブンのお金に対するコンプレックスを蘇らせるような「フワフワ」としたアントレプレナーと知り合うこともありました。

他人のふんどしで相撲をとるアントレプレナー、（悪い意味で）親の七光りにすぎないアントレプレナー、棚からぼた餅型のアントレプレナーなど、努力を惜しんだり、お金を大切にしなかったりするアントレプレナーに接すると、そのたびにスティーブンの心には「コイツらには絶対に負けたくない！」という気持ちがメラメラと湧いてきたものです。

特に人を大切にせず、人へのリスペクトを欠いた振る舞いをするアントレプレナーに対しては、嫌悪感すら抱いていました。

ただ悔しいことに、そんな尊敬できないアントレプレナーのほうが、当時のスティーブンよりは財力があり、スティーブンよりも高いレベルでのビジネスを展開していました。その事実がまた、スティーブンのハングリー精神を刺激したのです。同時に、「人を大切にするアントレプレナーになる」という固い決意をスティーブンに植えつけることにもなりました。

企業家としてのスティーブンのスタイルは、多くが彼のコンプレックスやマイナス感情が形づくったということです。

コンプレックスやトラウマ、嫉妬や怒りなどのマイナス感情は、物ごとを推進するための大きな力にも変えられます。

自分に、コンプレックスや「他人に○○では劣っている」と感じるバリアがあるのであれば、頭からそれを否定するのではなく、目標達成へ向けたプラスのエネルギーへと変換することを狙いましょう。

数々の障害を持って生まれたヘレン・ケラー、あるいはキャリアの全盛期に若年性アルツハイマーを患ってしまった俳優のマイケル・J・フォックス……彼らはいずれも、自身が背負った障害に対して後年、感謝の念を述べています。

そうした障害や病気があったからこそ、新しい価値観に気づくことができたと発言しています。

そんなふうに、苦しみに対して感謝することまでできれば、最高だと思います。

一生、今の職場にいたらどうなるか想像してみる

●あえて不快な未来を想像する

あらためて、達成しなかった場合の「不快」を味わうためのワークを紹介しましょう。

⑧願望や目標を達成できなかったときの「みじめな自分」を想像する

⑨願望や目標ごとに、自分はなぜそれが未達成になるのを回避したいか考える

3章で設定した願望や目標に対し、達成できなかったときの自分を想像してみましょう。具体的に想像して、「絶対にそれだけは回避したい」という気持ちを高めつつ、その気持ちを文字にして記述していきます。

例として、仕事についての願望や目標について考えてみましょう。

あなたは仕事について、どんな願望や目標を思い描いているでしょうか？

キャリアアップをしたい方、収入を上げたい方、あるいは転職をしたり、ゆくゆくは独立して自分の会社をつくることを目標に掲げている方もいるかもしれません。

いずれにしろ「現在の会社はいつか退職したい」と考えているのであれば、その希望がかなわず、ずっと今の職場にいなければならない未来をあえて想像してみます。

◉あと何十年も、あの上司のお小言を聞いていなければならないのか……

◉どれくらい発展性のある仕事ができるだろう？　今と変わらない仕事が、これからもずっと続きそうだなぁ

◉収入はどれほどアップできるだろう？　結婚して子どもができたりしたら、家計は大丈夫だろうか？

◉この会社で定年まで仕事をし続けて、いつか自分も、あのみじめそうな先輩のようになるのかなぁ

転職やキャリアアップを考えている人であれば、こうした想像をするだけでイヤな気分になるでしょう。将来やってくるかもしれないそうした不快な状態。それを回避するには、どうしたらいいでしょうか？

簡単です。キャリアアップでも転職でも、あるいは今の会社の売上をアップさせるようなことでもかまわないので、あなたの抱いた願望や目標を達成できるようにアクションを起こすだけです。

努力して願望や目標を達成した未来では、あなたは「快」の状態を得られるでしょう。

しかし何度も述べているように、努力には必ず「不快」が伴います。これまでより多く成果を出したり、知らなかった知識を吸収したり、転職活動をしたり、新規事業を考えたりといった行動をしなければならないので、多大なストレスを感じることにもなるでしょう。

しかし、たとえどれほどストレスがあったとしても、「それだけは絶対にイヤだ！」という未来を回避したいのであれば、回避できるまで挑むしかありません。


願望や目標がかなわなかったときの「不快」のイメージは、「快」のイメージと同様、具体的であればあるほど効果的です。

不快が現実になったとき、自分がどれほど落ち込んでいるか。どんなに哀しく、つらい思いをしているか。自分はどんなことを喋り、どんな表情をしているか。自分自身に対してどのように思っているか。

後悔し、涙を流し、食事も喉を通らなくなるかもしれません。それでも、より具体的に「そのときの自分」を想像してみましょう。

よく言われるように、**脳の感情を司る部分は時間を判別できません。**

達成できなかったときの「みじめな自分」「不快な自分」を想像する

体重を98キロから75キロまで落として、スマートな体になっている。

- 自分は口ばかりの人間だと自信をなくしている。
- むくんだ体の自分の容姿に自信が持てないでいる。
- この体重増加は薬のせいだと、自分に言いわけをしている。
- 太っている自分を、他人がみんな馬鹿にしていると思い込んでいる。
- 恋愛に消極的になっている。
- 容姿が優れている人に嫉妬している。
- 食事をするたびに罪悪感を感じている。
- 自分は怠け者だと思い込み、毎日を憂うつに暮らしている。
- 妄想と空想に逃げ込み、リアルな世界から逃げている。

表情は晴れ晴れしていて、自信と希望を持っている。

- 声に元気がなく、つねに小声でボソボソと話している。
- 姿勢が悪く、まったく覇気がない。
- 言いわけする癖がついており、何事に対しても「無理だよ」「やっても意味がない」といったネガティブな発言ばかりしている。
- 自分は悪くないと、自己正当化するのに必死になっていて、みじめで孤独な時間を多く過ごしている。

⋮

過去のイメージなのか、未来のイメージなのか、現在のイメージなのか区別できないのです。

また、**想像なのか現実なのかの区別もできません。**

そのためつらいことを想像すれば、それが本当に起こったことでないと知っていてもつらくなりますし、気持ちは沈み込み、人生が終わったかのような絶望感にさいなまれることもあります。

そのため、このワークをすると実際に不快な気分になって心理的な負担が生じますが、逆に言えば、そこまでの仮想体験ができなければ、あなたの心に願望実現への起爆剤をしっかりと植えつけることはできないのです。

●脳がつくる言いわけに要注意！

なお、このワークを行う際には、「人は行動を避けるとき、必ず言いわけをつくる」ことをあらかじめ認識しておきましょう。

シンペイもそうでした。病気になったとき、「自分は目が不自由だから、新聞や本を読めない」とか、「外にあまり出なくなるのは仕方ない」とか、さまざまな言いわけをつくっては「行動しない自分」を正当化していたのです。

そんなふうに次々と言いわけをつくってしまうのは、自分の精神を守るための防御本能なのかもしれません。

けれども、その言いわけを認めてしまうと、「行動しない自分」が固定され、そこから逃げられなくなってしまいます。

言いわけは、あきらめることそれ自体を気持ちのいい「快」の状態に変えてしまう、とてもやっかいな脳のシステムです。

さらにもうひとつの落とし穴にも注意が必要です。

仮にあなたに、実際に何かの行動をしたけれどうまくいかなかった、という「失敗経験」があった場合、新たな行動に対するネガティブなイメージや不快感は、失敗経験がない場合より強くなります。

シンペイにもこうした状況がありました。目が不自由になったけれど、そのままでは人生がつまらなくなってしまう。そのため、学生時代にしていた野球なども「もう一回、がんばってみよう」と再挑戦します。

ところが、まったくできないのです。バッティングセンターの一番遅いボールすらかけらも見えず、打ち返すことができません。目が悪くなかった頃の自分を思い出し、「自分は、こんな体になってしまったんだなぁ……」と逆に落ち込んでしまいました。「挑戦なんて、するんじゃなかった」と。

この失敗経験があったために、その後、何かに新しく挑戦してみようと思いついたときには、しばらくはすぐに不快な感情を強く感じました。

「あんなふうに失敗するのはイヤだな～」

「あのときもダメだったんだから、今回はもっと難しいんじゃないかな」

「それほど自分にプラスになるとも思われないし、今はもっと別なことに専念しよう」

こうして、「やらない言いわけ」が山ほど出てきてしまうわけです。


同じように、たとえば過去の仕事で失敗した経験があれば、「今回も恥をかくだけだな」と新規事業の推進などにブレーキをかけてしまう。

あるいは失恋経験のある人は、新しく好きな人ができても「あのときのようなつらい体験をまたするのはイヤだな」と恋愛を避けてしまいます。


気持ちは確かにわかります。

しかし、過去にマイナスの体験をしたとしても、そのイメージを上書きすることは可能です。

たとえば失恋は非常につらい経験でしょう。しかし、恋をしていたときのドキドキとした感情を思い出せば、再度、自分を「快」の方向に向き直させる助けとなるでしょう。

失恋はつらい。でも、あのときの幸せをまた感じられるかもしれない。これまでに一度も成功していない人でも、夢に向かっているときの高揚感は思い出せるでしょう。

今のままの状態と、再び幸せを目指す状態の、本当の自分はどっちを望んでいるのだろう？

そうやって過去を振り返れば、失敗によって得た「不快」以上の、夢に向かって進むときの「快」の感情を想像できるようになります。

人は過去を変えることはできませんが、過去に対する解釈はいくらでも変えられるのです。

ピンチで自分を鼓舞するキーワードを準備

●不快をリアルに思い描けばハードルを越えられる

この章のここまでの内容をまとめましょう。

仮にどんなトラブルが起こったとしても、以下のふたつの条件さえ満たしていれば、脳の自動目的達成装置は夢や目標を見失うことなく、願望を確実に実現させます。

⊙「行動に伴う不快」を上回る「快」を、実現したい未来に思い描けている

⊙「行動しなかった場合の不快」が、「行動に伴う不快」を上回っている

現実世界では、夢をかなえようとするたびにそれを邪魔するトラブルが起こります。そうしたトラブルに懲りて願望や目標の達成をあきらめてしまわないように、あらかじめ「不快」を想像しておくことが重要、ということを解説しました。

たとえば起業であれば、起業して5年間生き残る会社は数％にすぎません。20年間であれば1％以下です。

起業する人は、最初は誰もが大きな夢や目標を持って起業しているのでしょうが、さまざまなトラブルによって当初の夢や目標の達成をあきらめてしまう人が多いのです。

本当に成功したいのであれば、会社が潰れてしまったら仕事はもちろん、お金も、愛する人も、自分の人生すら失ってしまうかもしれない……くらいに先の不安をしっかり想像しておくことが必要でしょう。

「早く売上を上げないと、大変なことになる」

「ぼやぼやしていたら、自分はすべてを失うぞ」

そんなふうに、強迫観念にかられるくらいにしっかり「不快」をイメージできれば、その不快を回避しようとして、自分を動かすことができます。

●私たちを導いてくれた6つのエール

ただし、そこまで自分にストレスをかけると、精神的にまいってしまう方もいます。

また実際にトラブルが起こってそれへの対処をするときには、たとえそれが成功への途中経過だとわかっていても、多くの方は落ち込んだり、大きなストレスを感じたりするものです。

あまりに大きすぎるストレスや不快な感情は、心身の健康を阻害することもあります。

そのため、**つねに「快」と「不快」の配分をコントロールし、心身に大きなダメージを引き起こすことなく「不快」のイメージを起爆剤にすることが必要**です。

こうした不快感のコントロールには、大切なことを思い出させてくれる「キーワード」をつくっておくと役立ちます。目標達成をあきらめそうになったときに、こうしたキーワードを何度も口ずさむことで、もう一度自分を奮い立たせ、元の軌道に戻してくれる効果があるのです。

こうしたキーワードをつくる作業が、ビッグトークの法則の次なるステップです。

⑩目標達成をあきらめかけている自分へのエールを作成する

少し足を止めたとしても、決して自分の夢や目標をあきらめたりはしない。そのように自分自身に夢や目標を設定し直してくれる「メッセージ」のような言葉を、あらかじめ用意しておきます。

何か問題が起きても、そこから目を背けずに解決への意志を奮い立たせたり、あるいは自分をなぐさめてくれたりするようなフレーズです。

もちろん、その言葉は人によって千差万別です。みなさんが自由に決めていただいてかまいません。ここでは例として、私たちが実際に使っているキーワード、エールをいくつか紹介しておきます。

シンペイは海外生活が長く、スティーブンも家庭では英語で話すことが多いため、例として挙げたものはいずれも英語のキーワードとなっています。みなさんのキーワードは、もちろん日本語でかまいません。

①Bring it on!（さぁ、かかってこい！）

これはシンペイが使っているキーワードです。

どんな挑戦でも受けるし、どんな苦難や困難があっても屈しない。時間はかかるかもしれないが、どんな困難へも自分は立ち向かっていく……という気持ちを表すものです。

行動するのを躊躇したとき、口ずさんで自分に言い聞かせています。

②I am going to champion it!（私はチャンピオンとして挑戦を受けてあげよう！）

これもシンペイが使っているキーワードです。

自分こそがチャンピオンであり、どんな困難でもチャレンジャーとして歓迎しようじゃないか、というニュアンスの言葉です。実際には大きなトラブルだったとしても、自分のほうが立場は上で大した問題ではない、とある種のカラ元気を出すための言葉です。

何か困難が起こり、不安を感じてきたときに、自分に対して投げかけます。

③ Still I believe.（まだ私は信じている）

シンペイがボストンに住んでいたとき、地元の野球チームであるレッドソックスが敗戦濃厚になったシーズンがあり、そのときにファンの誰かがこの言葉を使い始めました。その後、球団は奇跡の逆転をはたして、その年は数十年ぶりに全米1位となっています。

「無理だ」とか「できるわけがない」という気持ちが頭をよぎったとき、この言葉を口にします。父親が亡くなって苦しい状態が続いたときも、シンペイはこの言葉を自分に投げかけてさまざまな挑戦を続けていました。

④ Keep on striving.（あきらめずに前へ進む／どのような状況にあっても努力する）

こちらはスティーブンが以前、よく使っていた言葉です。

状況が悪く、あきらめそうになったときでも、自分を信じて前へ前へと行動していくためのエールです。

また調子がよいときも天狗にならず、自らを律する戒めの言葉としても使っています。

次に紹介するスローガンをつくる前、スティーブンはこの言葉を自らに言い続けてきました。アップダウンのあるビジネスの世界で、つねに自分をコントロールするために、覚えておくといいフレーズでしょう。

⑤ BELIEVE + ACTION = SUCCESS（信じる＋行動＝成功）

スティーブンが現在、スローガンにしている言葉です。

強く信じて本気で行動すれば、必ず成功につながることを思い起こさせてくれる言葉です。

あなたも本書で読んだことを信じ、絶対に自分はうまくいくんだと疑わず、前に進んでいってほしいと思っています。

⑥ For the family（家族のために）

この場合の家族（Family）には、妻や子どもだけでなく、バディ＝大切な仲間たちも含まれます。

現在のスティーブンは、この言葉を折に触れて自らに言い聞かせ、自分の私利私欲のためだけにがんばるのではなく、家族や仲間たちのために何ができるかをつねにイメージしています。

●お気に入りの言葉を探してみよう

そのときの自分に合う言葉であれば、フレーズは何でもかまいません。

何かの書籍や雑誌から気に入った言葉を拝借するのでもいいですし、マンガやテレビの中で影響を受けた言葉でもいいでしょう。

気に入った言葉があれば、その場でメモし、困難が生じたときに自分に投げかけるようにしてください。

それらの言葉は、必ずあなたの力になってくれるはずです。

これからの1年間、あなたは何をする？

●中期目標を設定し、達成後のセルフイメージをする

未来に対する「快」のイメージと「不快」のイメージを想像し、挫けそうになったときに自分を励ます言葉を設定したら、あとは行動するのみです。

目標に向けた行動については、すでに⑥のステップで「すぐに実行できる具体的なアクション」を日々設定し、⑦のステップでその成果を記録するようにしています。ここでは、さらに「1年スパンの中期目標」を設定していきましょう。

⑪願望や目標について、直近1年間で何をしたいかをイメージする
⑫1年間の目標が達成できたことで、来年はどんな自分になっているかを想像する

⑪のステップで、今後1年程度で達成したい中期目標を決め、⑫のステップでそれを達成したあ

との自分をリアルに想像してください。

「テストの成績が上がる」とか「何かの資格が取得できる」というワクワクする未来を想像してもいいでしょう。そうした外形的なものではなく、私たちの内面における成長や充実度の向上を思い描いてみてもいいでしょう。

- **趣味はどれくらい広がっているだろうか？**
- **活動範囲はどれくらい広がっているだろうか？**
- **人間関係はどれだけ広がっているだろうか？**
- **周りに対する影響力はどれくらい大きくなっているだろうか？**
- **収入はどれくらい高くなっているだろうか？**

イメージを具体的に描けば描くほど、未来を想像することが楽しくなりますし、そのワクワク感が自動目的達成装置の勢いを加速させます。

これですべての準備ができました。いよいよ次章からは、バディとのビッグトークをしながら、夢の実現へ向けて進んでいく段階となります。

Chapter 4 まとめ

- 人間には現状を維持しようとする強いリスク回避本能がある。その本能のハードルを越えなければ、新たな挑戦をしようとするときの不快感に邪魔されて、実行できないことが多い。
- 現代の生活では、ほとんどの挑戦に生命の危険はない。行動しないで現状維持することにもリスクがあると知り、本能のハードルを越えて挑戦しなければならない。
- 本能から来る不安感は、その挑戦をしない場合に訪れるみじめな未来や、チャレンジ達成後の快適な未来を思い描くことで乗り越えられる。
- 挑戦しなかった場合の不快な未来を思い描けば、時間を区別できない脳は本当にあなたを不快にさせる。それくらいにリアルに未来の不快を思い描いてほしい。
- マイナスの感情をうまく使いこなすことで、むしろ願望達成の大きな推進力にできる。

Chapter 4 まとめ

- 不快な感情を避けようと、脳は自動的に「達成しなくてもいい理由」を生み出すので、それらに惑わされないようにも注意する。

- 過去の失敗経験も、解釈しだいで乗り越えられる。

- 実際に挑戦すると、往々にしてトラブルが起こる。そのとき、自分を奮い立たせるためのキーワードをあらかじめ用意しておき、苦しい場面で口ずさむと役に立つ。

- これらの準備ができたら、1年単位の中期目標を決め、それを実現したときの幸せなセルフイメージも思い描く。これで、自分との対話がすべて終わる。

Chapter

5

ビッグトークでモチベーションや脳への情報入力を管理する

言葉が成功を引き寄せる

●佐藤富雄も推奨した「口ぐせ」

すでに述べているように、本書の著者の1人であるシンペイは、作家で脳科学者だった佐藤富雄の息子です。共著者のスティーブンもシンペイの幼馴染みで、子どもの頃から佐藤家に出入りしていました。そのために2人とも、「口ぐせ博士」の理論に大きな影響を受けています。

佐藤富雄の唱えた理論の肝は、**言葉によって脳の自動目的達成装置に絶えず目標をインプットすること**。毎日のように「願っていること」をつぶやいて、それが必ず実現するように脳に刷り込んでいくことを重視します。

そのために願望や目標を「口ぐせ」にすることを推奨しました。

佐藤富雄自身、その習慣によって大富豪となり、女優と結婚し、東京と熱海の豪邸に住み、クルーザーを所有し、世界中を旅し、１００冊を超える著書を出し……と、ありとあらゆる夢を実現したことを赤裸々に自著で述べています。

佐藤富雄が示したように、願望や目標を声に出していくことは、望む未来をつくるための有効な手段です。

しかしそれだけではなく、**「現在の状態」をコントロールするためにも「声に出すこと」は非常に有効**です。あなたも日々、「いい言葉」を声にしているでしょうか？

たとえば朝、起きたときです。

顔を洗いに洗面所に立ったとき、鏡の中の自分に向かってこんな言葉を発してみてはどうでしょうか？

「今日も素晴らしい1日だ！　最高の1日になるぞ!!」

そう自分に言い聞かせた朝、いざ出勤しようとしたら強い雨が降っていたとします。普通ならウツウツとした気分になるかもしれません。

しかし「今日も素晴らしい1日だ！」と自分に声をかけたあとであれば、なんだかワクワクして、足取りも軽く雨の中を出勤できます。

さらにその日は朝から会議の予定があり、おそらくは優柔不断な上司のボヤキを聞かねばならないとしても、「最高の1日になるぞ!!」と言ったあとだと、不思議と簡単に乗り越えられそうな気がするものです。

朝の第一声で、1日の気分や過ごし方が変わってしまうことはよくあるのです。脳は自らが口にする言葉でコントロールできる、ということでもあります。

実際に私たちの友人に、もともとはビジネスのことなどまったくわからなかったある男性がいます。あるとき私たちは、彼に毎朝、自分にポジティブな言葉を投げかけるようにアドバイスしました。そして彼は、実際にその習慣を実行しました。

毎朝、鏡の前で「自分はできるヤツだ」「必ず目標をやり遂げる」「自分は恵まれているんだ」などと声に出すことを続けたのです。

私たちがアドバイスをしてからすでに数年が過ぎましたが、いまや彼の年収は当時の倍以上になっており、専門分野の第一線で活躍するビジネスパーソンになっています。

●脳は自動的に反応する

そんなわけがない。言葉だけで自分の脳をコントロールできるのであれば、自分はこんなに苦労していない、と思う方もいるでしょう。つらいときに「楽しめ」と声に出せば、簡単につらさが払拭されるし、「落ち着け」と唱えれば緊張が収まる。そんな都合のいい話はないだろう……と。

しかし、たとえば「爽やかなレモン」とか「酸っぱい梅干し」という言葉を今、あなたが見て想像したと同時に、口の中で唾液が分泌され始めているのを感じられるでしょう。意識しなくても反応する生理現象さえ、ある種の言葉で私たちがコントロールできることの証明です。

19世紀に生きた著名な心理学者ウィリアム・ジェームズは、「楽しいから笑うのではない。笑うから楽しいのだ」という言葉を残しました。

つまり、「楽しい」という感情から「笑う」行動が起こるのではなく、「笑う」という行動から「楽しい」という感情が生み出される、ということです。

一般にはこの順番は逆だと思われていますが、現代のさまざまな研究でも、基本的にはウィリアム・ジェームズの言葉は合っているのではないか、とされています。

楽しい感情が先にあって意図的に笑うこともありますが、周囲の状況から笑う行動を求められているために、まず無意識に笑い、その行動を心理的に正当化するために「楽しい」という感情を意識に感じさせる場合も想像以上に多い、と考えられているのです。

こうしたことを考えても、力強い前向きな言葉を口に出す行動というのは、みなさんの想像以上に脳に大きな影響を与えます。

そのため**私たちのビッグトークの法則でも、こうした口ぐせは大いに推奨しています。**

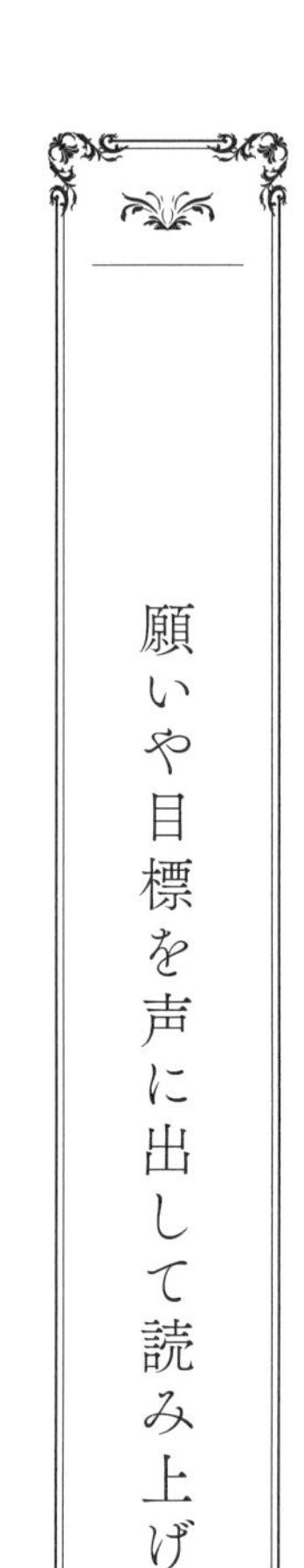

願いや目標を声に出して読み上げる

●言葉こそが思想や文化を形成する

考えてみれば、人類は文明を築く際にも、発声の効用を巧みに利用してきました。その最たる例は、宗教における「お祈り」や「お経」、さらには「歌」などです。

たとえば熱心なキリスト教徒は、毎日のように聖書を読みます。ただし、そこに書いてあることは理解できるけれど、通常すぐには意味がわかりません。「右の頬を打たれたら、左の頬を差し出せ」なんて言われても、普通の人は「そんなこと、できるわけないじゃない」とか「なんで、そんなことしなきゃいけないの？」と感じるでしょう。

ところが聖職者の解説を聞き、毎日のように聖書の言葉を音読していると、だんだんとキリスト教の思想が信者の心に浸透していくわけです。ひとつの価値観をみなが共有する文化が生まれ、秩序が生まれ、都市や国家が発展していきます。「右の頬を打たれたら、左の頬も差し出すのが当たり前だろう？」と考える人が多数派になっていくのです。

神々を敬い、自然を愛し、人として守るべき道徳を尊重する。生きることは素晴らしいと感じ、いつも希望を心に抱き、ともに暮らす仲間たちを信じる……こうした価値観、あるいは心を、人類は日々、祈りの言葉を唱えることによって、あるいは戒律や掟のような文章を読むことによって、または古くから伝えられてきた歌詞を歌うことによって育んできたのです。

現在、そうした「言葉を唱える習慣」は、特に日本ではほぼ失われています。その失われた習慣を、ぜひ復活させましょう。**「思い描いた未来を毎日、自分の言葉で読み上げる」という習慣**です。

すでにあなたは、自分の人生を望む未来へと導くための言葉を作成しています。そう、3章、4章でつくり上げた願望や目標に関する言葉です。それを日常的に口ずさむのです。

ここまでに紹介し、みなさんに挑戦してもらったワークは以下のとおりです。

①達成したい願望や目標のカテゴリーを作成する（6つのカテゴリーを参考に）
②カテゴリーごとに達成したい願望や目標を考える
③願望や目標ごとに、それを達成したい理由・しなければならない理由をいくつか考える（最低3つ）
④願望や目標を達成したあとの自分の姿を具体的にイメージする
⑤それぞれの願望や目標について、いつ達成するかのタイムラインを設定する
⑥すぐにできる具体的なアクションを設定して、実行する

⑦アクションに対する、小さな成果を記録していく
⑧願望や目標を達成できなかったときの「みじめな自分」を想像する
⑨願望や目標ごとに、自分はなぜそれが未達成になるのを回避したいか考える
⑩目標達成をあきらめかけている自分へのエールを作成する
⑪願望や目標について、直近1年間で何をしたいかをイメージする
⑫1年間の目標が達成できたことで、来年はどんな自分になっているかを想像する

このうち、「②カテゴリーごとに達成したい願望や目標を考える」ステップや、「③願望や目標ごとに、それを達成したい理由・しなければならない理由をいくつか考える」ステップ、さらに「⑥すぐにできる具体的なアクションを設定して、実行する」ステップ、「⑪願望や目標について、直近1年間で何をしたいかをイメージする」ステップなどで作成した言葉・文章は、まさに声に出して読むだけで毎日の士気が上がるもののはず。

思うような結果が出せず、気分が落ち込んでいるときには、「⑩目標達成をあきらめかけている自分へのエールを作成する」ステップで作成したキーワードが効いてくるでしょう。

これまではワークとして自分に問いかけてきた言葉を、日常的に声に出すことによって、夢の実現は明らかにスピードアップします。

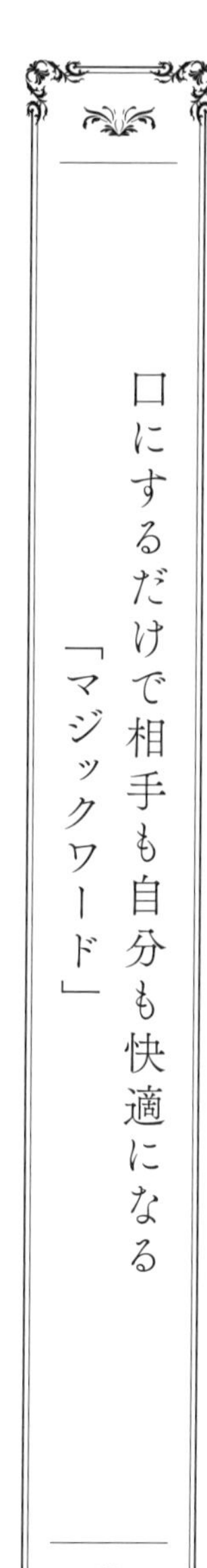

口にするだけで相手も自分も快適になる「マジックワード」

●いつもの言葉から改造する

夢や願望、目標ばかりでなく、私たちがふだん使用している言葉の中にも、口に出すことでモチベーションを上げてくれたり、「快」の感情を盛り上げて気分をよくしてくれるものがあります。夢や願望についての言葉とともに、これらの言葉を口ぐせにすることも、願った人生を送る助けとなるでしょう。

どんな言葉があるか、いくつか紹介しておきましょう。

①未来に対する期待度を上げる言葉

「面白いことが起こりそうだ」

「これからますます状況はよくなっていくぞ」……など

先ほど紹介した「今日も素晴らしい1日だ！　最高の1日になるぞ!!」という言葉もそうですが、

未来が「快」であることを自分に言い聞かせる言葉は、機嫌よく人生を送るために非常に役立ちます。

根拠などはまったくなくてかまいません。未来に何があるかなどは、私たちには知りようもないからです。

しかしそれでも、こうした言葉で脳に「今日はいい1日になる」という刷り込みをしてしまえば、私たちは無意識のうちに、そうなるべく行動を選びます。意識の注意を向ける対象も勝手に取捨選択されます。結果として、本当にいい1日を遅れるようになります。

これは逆の方向性でも同じことが言えます。

「仕事でミスをしそうだなぁ」と思ったり、そのようにつぶやいていたりしたら、本当にミスを犯してしまった、という事態が往々にして起こります。

脳の自動目的達成装置に「仕事でミスを犯す」という情報がインプットされてしまったために、無意識のうちに自分でミスを犯すような選択をしたり、必要な情報を見逃したりしてしまうのです。

同じように「今日はイヤなことがありそうだ」とか、「事故に遭いそうだな」なんて思っていると、本当にそうなることがあります。実際に言葉として口に出してしまうと、その影響はさらに大きくなります。

頭の中で思う言葉も含めて、私たちは使用する言葉には注意しないといけないのです。

②「自分への信頼度」を高める言葉

「私には（俺には）できる」

「自分、最高」

「大丈夫、何とかなる」……など

これらは何かに挑戦しようとするとき、「自分にはできる」と暗示をかける言葉です。

スポーツの分野でも幅広く取り入れられていて、テレビの中継などでトップアスリートの様子をよく観察していると、ぶつぶつと自分があらかじめ決めているキーワードをつぶやいている姿をたくさん確認できます。

また、子どもたちに思い切りジャンプをさせて、手が届いたもっとも高いところに印をつけます。子どもたちはそれ以上に高く飛ぶなんてムリ……と考えるのですが、そこで次のように自分たちに声をかけさせてみます。

「（自分は）次、もっと高く飛べる」

そうしてもう一度ジャンプをさせると、たいていの子どもは前よりもいい記録を出します。

こうした簡単な実験で確認できるほど、言葉によって身体にスイッチが入る効果は大きく、それゆえにさまざまなアスリートに取り入れられているのです。

シンペイもスティーブンも、大事な仕事があるときは、通勤時間中などにずっと「絶対に成功する。自分にはできる」などと自分にぶつぶつと言い聞かせています。

このとき、自分に言い聞かせる回数も案外と重要で、口にすればするほど成功確率が高くなる気がしています。

ポイントは、神さまにお願いするときのような「うまくいきますように」とか「自分の力が発揮できますように」といった他力本願な言い方でなく、「できる」「うまくいく」とハッキリ断定して、自分の力を肯定する言い方をすること。

脳は曖昧な表現を理解できませんから、「確実にできる」と断言してしまったほうが、脳がその前提であなたの能力をフル活用してくれます。

③自分に「健康だ！」と言い聞かせる言葉

「俺はまだまだ若い！」

「私、キレイ！」

「自分は魅力的な人間だ」……など

「自分は若い」と口にしている人はいつまでも若いし、「自分はキレイだ」と言っている人はずっと美しい外見を保ちます。

これは科学的にも根拠がある話で、健康学者でもあった佐藤富雄がよく唱えていたことです。若さが保たれるのにも、肌の美しさが保たれるのにも、脳で分泌されるホルモンが関係しています。

「自分は若い」とか「自分は美しい」という言葉を日頃から口ぐせにしていれば、それが脳にインプットされるので、脳は実際にいつまでも若々しく、いつまでもきれいであるように、ホルモンの分泌をコントロールする、という理屈です。

ちなみに、自分にではなく他人に対して「若いですね」とか「キレイですね」とふだんから褒めている人でも、その言葉によって自らの脳の自動目的達成装置にスイッチが入り、若さや美しさが保たれるようになります。

これは「**脳は言葉の主語を区別しない**」からです。

脳にとっては、あなたが若いのか、相手が若いのかは関係ないので、「若い・キレイだ」という言葉を認識した時点で、実際にそのようになるようホルモンの分泌などを行い、その結果として褒めた人自身が若くきれいになっていく、という仕組みです。

実際にみなさんの周りにいる若々しい人やきれいな人ほど、他人のこともそのように褒めているのではないでしょうか？ **人のことを褒めれば褒めるほど、実は自分が得する**のです。

④周りの人への感謝の気持ちを伝える言葉

「ありがとう！」
「みんなのおかげです！」……など
人に対する感謝の言葉を発するとき、脳内では心を「快」の状態にするホルモン、セロトニンやドーパミン、エンドルフィンなどが分泌されることが知られています。こうしたホルモンには私たちに幸福や満足感を感じさせ、モチベーションを向上させるなどの作用があるため、目標の達成には欠かせない要素となります。
「ありがとう」とお互いに言い合うチームは成功の確率も高くなりますから、ビッグトークの法則における人とのコミュニケーションでも、「ありがとう」の言葉はもっとも多用されるべきマジックワードとなるでしょう。

「語り合う」ことで夢が実現する

1人で自分に語りかける「口ぐせ」の効能について確認したところで、いよいよビッグトークの核心である「バディ同士で語り合う」ことに関して述べていきます。

基本は自分に言い聞かせる言葉の延長ですから、以下のふたつの条件を満たす会話であれば、それはビッグトークになります。

●脳の夢実現スイッチを会話が入れる

① 夢や目標について恥ずかしがらずに語り合う

② 語り合う中で、前項で述べたような脳を「快」にしてくれるマジックワードが頻繁に使われる

この2条件を満たす会話では、会話への参加者は終始、脳の自動目的達成装置をONの状態にし、モチベーションが高まった最高の状態を維持できます。

そして、そうした会話ができる相手が「バディ」です。

●今は友人やパートナーがいなくても問題なし

ただし、この2条件を満たす会話ができる相手、バディが身の回りにいるか？ ……と問われれば、なかなか難しい現実に直面する人も多いでしょう。

たとえば配偶者や恋人といったパートナーがすでにいる方であれば、本来は毎日のようにそのパートナーと夢や目標を語り合い、モチベーションを高め合い、それぞれに最高の1日、1日を過ごせる環境をつくるのが理想です。

しかし、夫婦関係だってちょっとこじれれば、真逆の状態になってしまうことはよくあるわけです。お互いに会話するたび、夢や目標にブレーキが入り、脳に「不快」のスイッチが入ってしまう、という不幸な関係性になってしまっている夫婦は少なくありません。

あるいは、お互いに信頼している仲がよいパートナー同士だけれど、そうした夢や目標といったことを話し合うのは、どうにも気恥ずかしくてできない、というケースもあるでしょう。

また、パートナーはまだいないし、そんな話ができる友人もいない、というケースも多くあると思います。

友人たちとの会話の中で、ときに将来の夢などを話し合うくらいのことはあるかもしれませんが、「そんな会話なんて、ほとんどしていないよ」という人間関係の中で毎日を過ごしている方のほうが、ずっと多いでしょう。

これらは、別に「人との関係に恵まれていない」というわけではありません。

仲がいい人はいるし、それなりに心を満たしてくれる人々に囲まれてもいるかもしれません。ただ、ふだん「ビッグトーク」の条件に合致した会話はしておらず、あなたを夢や目標の実現に誘導してくれる状態にはなっていないというだけです。

もちろん今あなたを取り巻いている人間関係は貴重なものですし、ビッグトークができない関係だからといって必ずしもマイナスに作用するものではありません。

けれども、そこに会話のたびに脳の自動目的達成装置にスイッチが入る人間関係が追加されれば、より望ましい未来を実現させるのに、大きなプラス効果を発揮してくれるのは間違いないでしょう。

そこで考えるべきは、次のふたつの方法です。

①既存の人間関係を「ビッグトークができる関係」に育てていく

②新たな「ビッグトークができる関係」をどこかに見つける

それぞれ、どのような方法で実現できるでしょうか?

●チャンスがあれば話したい人はたくさんいる!

「誰かと将来の夢を語り合うような会話を、最後にいつしましたか?」と聞かれたとき、あなたはどう答えますか?

学生の頃ならばそういう会話をした覚えもある、という人が多いでしょう。あるいは社会人になってからしばらくの間、などが多いでしょうか。日本では多くのケースで、社会人になってしばらくすると、誰かと将来の夢を話す場や機会が少なくなってしまうようです。

しかし、それは単にそういうシチュエーションが日常生活の中にあまりないからだと、私たちは考えています。

これから未来に向けての選択をしなければならない学生時代には、情報収集も兼ねて、多くの人にそういう会話が行われる機会があったのです。今はその機会がないから、そうした会話がなされないだけです。

あなたや周りの人たちに、未来に向けて実現したい夢がないわけでは決してありません。

だとしたら、**「機会」さえつくれば、ビッグトークができる関係性もつくれるようになります。**

●夢を語ることで「仲間」をつくれ

とはいえ、黙っていても夢について語れる場は生まれません。

ほかならぬあなたが、その機会をつくるしかないのです。

①の既存の関係からビッグトークができる関係を育てる方法でも、②の新たにビッグトークができる関係を探す方法でも、**結局は自分からアクションを起こさないと何も始まらない、**ということはよくよく認識しておきましょう。

もちろん、「今の願望や目標は何ですか?」とか「あなたの夢は何ですか?」などといきなり周りの人に問いかけ始めたら、不審な人だと思われてしまう危険性があります。

そういうコミュニティのつくり方もあるでしょうが、大切なのは夢や目標に限らず、あらゆることをオープンに話せる状況を先につくっていくことです。

そのためのポイントは、**相手に本気で聞いてほしいことを、無意味な言葉を添えないで言い切る**ことです。

あなたの本気の言葉に対して、相手が無反応だったらなんだか哀しい気持ちがします。夢や目標を本気で語り、それを仮に相手がバカにでもしたら、あなたは腹を立てるかもしれません。あるいは恥ずかしく思うかもしれません。

それでも、あなたの本気の言葉に反応してくれる、本気の会話ができる相手を探すには、バカにされたり無視されたりすることも覚悟して、あなたが最初に言葉を発していくしかありません。

多くの人からの特別な反応は期待できないかもしれませんが、なかには必ず、あなたの言葉に興味を持って、自分も本音で語ってくれる人がいます。

そうした人たちが自然に、信頼できるバディへと変わっていくのです。

ただし、人の変化というのはゆるやかで、こちらが期待したとおりにすべてが動き出すようなことはそう多くありません。

しかし、それでまったくかまいません。

自分の話を真面目に聞いてくれ、信用ができる人間を1人ずつ探していきましょう。 まるで小さな種から出た若芽のように、コツコツと水をあげていくことで、貴重な人間関係が徐々に育っていきます。

かつて坂本龍馬は、未来を見失っていた武士たちに「もう武士の時代なんて終わりだ。これからは世界の海援隊をつくるぞ！」と語り、仲間たちを集めていきました。古い慣習にとらわれてきた武士たちが、本当の意味でどれほどその夢を理解できたかはわかりません。なかには「そんなことできるわけがないだろう」と彼をバカにした人もいたでしょう。

けれども龍馬の夢に自分もワクワクし、「彼に協力することで、自分の未来も面白くなりそうだ」と刺激を受けた人々が龍馬の「バディ」となり、彼らとの率直なビッグトークを続けたことで、龍馬の夢は形になっていったのです。

夢や目標には、多くの仲間をつくる力があります。

人気漫画の『ワンピース』では、「海賊王にオレはなる！」という主人公ルフィーの夢に対し、「世界一の剣士になる」とか「世界を網羅した地図をつくる」など、さまざまな夢を持った仲間が集まってきます。そんなふうに人は他人の夢に対して自分のワクワク感を同調させて、お互いを高め合うバディになっていくのです。

あなたは特に「この人を説き伏せよう」とか、「この人に理解してもらおう」などと意気込む必要はありません。**ただ自分の夢を語り、あとは相手の反応に任せていくだけ**です。結果的にでき上がる仲間たちが、互いの脳を刺激し合うバディになっていくでしょう。

●バディにしたい相手にはマジックワードで語れ

加えて、先ほど心を「快」にしてくれるマジックワードを紹介しましたが、それらをバディ候補との会話では意識して使っていくようにしましょう。

それらの言葉は、当然ながら自分にもプラスの影響を与えますし、あなたの口からそれらの言葉を聞くことで、聞いた側の人の脳にもスイッチが入ってプラスの反応が起こります。

未来が現在よりもずっといいものになることをつねに強調し、「君にはできるよ」と相手に自信を与える言葉をかける。相手のいろいろなことを褒め、話を聞いてもらったら必ず感謝の言葉を述べて、心を「快」にしてもらう。

そんな仲間たちとなら、生涯ずっと付き合っていきたくなるでしょう。みんなの力を合わせれば、いずれは大きなことができるような気もしませんか?

まさにそういう人間関係を、夢や願望を率直に語ることでつくるように努めてください。

どんな場所・関係でもバディはできる

●ネット上の関係でも問題なし

現代は坂本龍馬の時代とは違って、1人の人間がさまざまなバーチャルなネットワークとつながっています。そのため、ビッグトークを交わす「バディ」という存在も、現代ではさまざまな形で存在できます。

お互いの言葉によって心が「快」になり、夢や目標に対する脳のスイッチが入る人間関係といえば、多くの方は配偶者や恋人といったパートナー、あるいは家族の誰かを真っ先に想像するでしょう。

実際、スティーブンの会社が危機に陥ったときのエピソードを思い出していただければ、人生の重要な転機で、パートナーや家族の言葉が私たちに強く影響することは決して少なくありません。

このうち特にパートナーは、本来、ともに夢や幸福を追い求める存在であり、毎日、会話をするたびにモチベーションが上がるような関係であるべきでしょう。理想としてはお互いに夢の実現を支援し、ふだんの会話でも「快」をうながすマジックワードを積極的に使用するべきです。

ただ、毎日のように会話をしていれば、当然そのとおりにはいかない会話も出てきます。相手の言葉や行動を矯正しようとして、関係がおかしくなることもありえます。現在の状況によっては、パートナーをバディにするのは難しいこともあるでしょう。

もしそれでも、**パートナーや家族の誰かを自分のバディとしたいのであれば、「時間をかけてバディとして育てていく姿勢」が重要になる**ことは忘れないでください。

職場の人間関係の中にバディを探すときも同様です。

チームの全員がバディであり、みなが目標を共有し、お互いにモチベーションを高めるマジックワードを多用するような職場であれば、かなりの成果を出せるはず。

しかし、そんな理想的な職場は世の中にそうたくさんありません。上司のお説教であったり、部下からの文句であったりと、たいていの人たちは日々、こちらのチベーションを下げてくる言葉や関係性の中で、必死に自分を保ちながら仕事をしています。

あるいは、ネット上の関係性の中からバディを探していくこともできます。

ネット上では直接顔を合わせるわけではありませんが、SNSでは文字や画像を通じて、直接顔を合わせないからこそ緊密なコミュニケーションができることもあります。最近ではZoomなどのリモート会議アプリを使った遠隔のコミュニケーションも広く普及しましたから、実際に顔を合わせているのと似た状況で交流することもできます。

たとえば、思い切ってFacebookなどで自分の夢を発信してみてもいいでしょう。恥ずかしがらずに何度も発信を行っていれば、徐々に「面白そうですね」といった反応をしてくる人が現われます。こうした人々をグループ化し、ネット上で心を「快」にする会話を行うことも、現代では可能になっているのです。

こうしたネット上の関係から見つけたバディは、リアルな人間関係ほど強くないと言う人もいますが、バディにとって重要なのは関係の深さではなく、あくまでも「お互いの脳にある自動目的達成装置を刺激し合えるか」です。

メールでのやりとりであっても、そこから刺激を受けて「自分もがんばるぞ」とか「楽しいことが起こりそうだ」と感じることができるのであれば、十分にビッグトークになります。

そして、ネット発でその後にリアルな人間関係が発展していくことだって、今の世の中であればいくらでもあるのです。むしろビッグトークをするにあたっては、今後はネットを大いに活用すべきだと私たちは考えています。

●恥ずかしがらず夢を語り続けよう

こうした多様な関係性の中から、どのようにしてビッグトークができるバディを探していくべきか？

大切なのは、どんな場においても、次の2つを繰り返すことだと思います。

①人がどうであろうと、自分はビッグトークを試みる
②ビッグトークをしてくれる人を、あきらめずにいろいろな人間関係から探していく

パートナーや家族、友人、あるいは職場やネット上の関係性の中で、人がどうあろうと自分だけはあきらめずにビッグトークをし続けることが大切です。

要するに、ほかの人が「ゆくゆくはこうしたい」とか「自分にはこんな夢がある」などと言わなくても、自分のほうはどんどん自己開示していく、ということ。

そのうえで、自分の話を聞いてくれたことに感謝し、相手を褒め、相手が何をするにせよ「絶対うまくいくよ！」などと積極的なマジックワードを使用していくわけです。

あなたがそのように真剣にビッグトークを続けていれば、会話の相手はほとんどの場合、同調してきます。

口下手であるとか、饒舌(じょうぜつ)であるとかは関係ありません。真剣に相手に伝えようとするだけでかまいません。

なぜなら、同調すれば必ず「快」になるからです。

人間は本質的に心が「快」になる状態を望みますから、「自分もそうなりたい」と相手はあなたから聞いた前向きな言葉に心を寄せていきます。実際、誰かがネガティブな思考に陥ったとき、そばにいるパートナーが「快」の言葉をかけ続けることで、徐々に前向きな思考に回復できることはよくあります。

まったく同調されずに笑われるようなことはめったにありませんから、**心配しすぎず、どんどんビッグトークを仕掛けていきましょう**。その先にこそ、多くのバディとの関係性が生まれてきます。

今すぐに「成功者の会話」を始める

より具体的に、仲間たちとどのように会話すればビッグトークになるでしょうか？

別にわざとらしい芝居のようなことをしなくてもかまいません。お互いに「君は最高！」という意識を強めにして話すだけで、かなりの程度ビッグトークは実現できます。

実際にシンペイとスティーブンは、いつも意図的にこうしたコミュニケーションを行っています。決して難しいことではなく、次のようなルールをお互いに課しつつ、会話やチャットアプリ上のやりとりをするだけです。

●ビッグトークのルール

⦿相手の意見を必ず肯定する
⦿未来の計画についての話であれば、それが実現することを決して疑わない
⦿素晴らしくないアイデアなんてない

- **不安や心配は口にしない**
- **今日、コミュニケーションできることをお互いに大いに喜ぶ**
- **自分には解決できないことでも、相手は天才だから必ず解決策を導き出してくれると信じる**
- **どんなふうにコミュニケーションが終わっても、大いにプラスな時間が得られたと感謝する**

具体的なフレーズとして、私たちの間でふだんどんな言葉がやりとりされているのかも、いくつか紹介しておきましょう。

私たちの場合は英語でのやりとりが多く、たいていはこんな会話をしています。

【アイデア会議の場合】


Wow! Sounds like a great idea!

（すごい、それは素敵なアイデアだね！）

Great plan! I think it is a great chance for you to grow!

（いい計画じゃないか。君が成長する大きなチャンスになると思うよ！）

Your plan can lead to other great ideas!

（そのアイデアから、さらにすごいアイデアが生まれそうだね！）……など日本語で話すときには、次のようなフレーズが使われることが多いです。


「もっと大きく考えていこう！」

「問題は、問題が出てきたときに解決方法を考えよう。解決できない問題はない！」

「お前は本当にラッキーなヤツだよ！」

「これはチャンスだよ！」

「お前なら絶対にできる」

「何かあったらいつでも相談して！　サポートするよ！」

「何があっても心配するな、俺がついてる！」……など

特に相手に向かって「幸運な人」「運に恵まれた人」「強運の持ち主」などと呼びかけるフレーズは、お互いに何万回も贈り合っています。それらの言葉が脳のＲＡＳに働きかけ、私たちは心の底から、自分も相手もラッキーな人間だと信じられるのです。

もちろん、こうした会話はあなたとあなたのバディとの間でもできます。あえてお互いに時間をとらなくても、たとえばメールであったり、ＬＩＮＥ上のメッセージのやりとりでだって、ビッグトークはできます。

あなたがバディになってほしい、ふさわしいと思うような人に本書を見せて、「自分とこんなやりとりをしてみないか？」と誘ってみてもいいかもしれません。

ビッグトークで話す内容は、まずはアイデアの交換などでいいと思います。

そこから、未来につながりそうなおもしろいプロジェクトが始まるかもしれませんよ。

バディと同時に「メンター」も探す

●ビッグトークができる相手はバディだけじゃない

さまざまな出会いや既存の人間関係の中から、ビッグトークができる人を探す。その際には、同じ視点の高さからお互いに気軽に話し合える「バディ」とは別に、「**メンター**」になってくれる人も同時に探すといいでしょう。

メンターとは、一般的には「師匠」に相当する人を指します。夢や目標を実現するためのビッグトークをするとき、アイデアを出し合うというよりは答えを教えてもらったり、信頼できるアドバイスをしてもらうような相手がイメージされます。あるいは、その人の考え方を学ぶことで、みなさんの夢や目標がすべて実現できるように感じさせてくれる相手を指すこともあります。

そのため、普通は大学の先生であったり、会社の上司であったり、セミナーや勉強会などの講師といった人脈からメンターを探す場合が多いです。

実際にそうした人脈から見つけたメンターに、仕事や人生全般に関する悩みを相談して、その都度、的確なアドバイスや答えをもらえたら非常に心強いでしょう。

ただしビッグトークの法則では、メンターにそこまで立派な存在であることを求めません。そういう人は数が少ないため、厳しい条件を課してはそもそも見つけられません。また、権威的なメンターに答えを教えてもらうという関わり方は、ときに盲目的に相手に従うだけの関係性となってしまう危険もあるからです。

会話をするといつも清々しい気分になれたり、元気になれたりする人。

あるいは何か悩んだときに相談すると、その相手が状況の改善策を提案するわけではなく、あなた自身が自分の心の中から答えを探し出すのを、そっと手助けしてくれるような人。

こういう人たちであれば、ビッグトークをする相手としてのメンターには十分です。

それくらいの人であれば、みなさんの周囲にもたくさんいるはずです。そうした人たちを、自分にとってのメンターとして大切にしていけばいいでしょう。

メンターは自分より歳下でもかまいませんし、年に1回会うくらいの関係でもかまいません。

セミナーの講師と生徒とか、本を書いている作家と読者といった関係で、相手が自分のことを知らない状態でも勝手にメンターとすることも可能です。

もちろんメンターが複数いてもいいですし、すでにこの世にいない人でもメンターにできます。悩んだときにはその人のことを心に思い浮かべ、「あの人だったら、この状況をどう考えるだろうか？」と、その言葉を想像すればいいのです。これでも立派なメンターです。

重要なのは、その相手と話すことであなたの脳がつねにポジティブな方向に刺激されること。その条件を満たす相手がいて、残念ながらバディにはなりそうにないということであれば、メンターと弟子という関係性を築いてもらったり、勝手にメンターとして扱ったりするといいでしょう。

メンターが大勢いればいるほど、学びや問題解決の手段により多く触れられます。

●スティーブンの場合

ちなみにスティーブンの場合は、人生にもっとも大きな影響を与えたメンターは、間違いなくシンペイの父・佐藤富雄でした。

彼はのちに「ドクター」と呼ばれ、セミナーや講演などを開催することで多くの人のメンターとなりましたが、スティーブンと密に接していた頃には、まだ一介のビジネスパーソンでした。人に教えるような理論体系は、まだ確立してない段階でした。

しかしそれでも、スティーブンは彼の話を聞くたびに特別なエネルギーをもらえたような気がしました。「絶対、金持ちになってやる！」というスティーブンの反骨精神に、つねに勢いを与えるパワーをもらえる気がしていたのです。

佐藤富雄は北海道出身の農家の長男でした。周囲には家を継ぐことを強く期待されていましたが、自らの夢のために、なかば強引に東京に出てきました。そして、戦後間もない頃の東京で渡米する機会を得て、その地で大きな成功を手にしたのです。

スティーブンは、そうした佐藤富雄の「武勇伝」を、彼自身の口から聴くのが大好きでした。佐藤富雄の人生のさまざまなエピソードが、スティーブンの脳を大いにポジティブに刺激したのです。

会うたびに「あきらめなければ、夢は実現する」と自分にスイッチが入りました。そのため、特に用事がなくても、スティーブンはたびたびシンペイの家を訪ねては、佐藤富雄ととりとめもない話をしていたものです。

今は亡きメンターと行った数々のビッグトークが、その後のスティーブンの成功の基礎をつくってくれたのです。

自分が「対等なメンター」になる意識を持つ

●職場におけるバディ探しでの注意点

バディにしろメンターにしろ、そのつながりはあくまで対等なものであって、決して上司と部下のような上下関係ではありません。

メンターの場合には師匠と教えを請う弟子のような関係になりますが、その場合でも上下の関係ではなく、あくまで対等な関係です。あなたが教えやアドバイスを請う場合でも、不必要に卑屈になったり、下手に出る必要はありません。

もちろん最低限の礼儀は守る必要がありますが、伝えられた答えやアドバイスに疑問や疑念があるのであれば、素直にそれらの疑問や疑念をメンターにぶつけてかまわないのです。

逆に、たとえばあなたが同じ職場でビッグトークをできるバディを探しているときに、自分自身が何かの役職を持っているリーダー、あるいはマネジメントの立場にいる場合、無意識に「自分のほうが立場は上である」という対応をしないように注意しなければなりません。

職場のチームのメンバーと、互いに夢を語り合えるようなバディの関係をつくることは決して不可能ではありません。諸外国ではそうした関係性を職場でもつくろうと取り組んでいる企業も増えています。

あなたにもぜひ挑戦してほしいのですが、日本の会社組織では、そうした関係性はまだまだ異色です。そのため、「お互いに仲間になろう」と言っている人が、部下の失敗に対して「なぜ、そんなことになったんだ?」と問い詰めたりする失敗を犯してしまいます。

誰も失敗したくて失敗するわけではないのですから、対等な関係であれば反省をうながすのではなく、相手をなぐさめたりいたわったりする言葉がまずあるべきでしょう。

こういうシチュエーションでは、自分が上司ではなくすべてのメンバーと対等のメンターになるのだ、という意識を持ってチームビルディングしていくと、比較的うまくいきます。経歴や能力などでどうしても実力差がありますから、同じ視点の高さのバディではなく、メンターとして接したほうがスムーズです。

会社組織の上下関係にはあまりこだわらず、相手の夢や目標をリスペクトしながら部下たちとも対等に会話をすれば、お互いにモチベーションを高め合うビッグトークができる関係を、いずれ構築できるでしょう。

こうしたチームができれば、会社にとっても大きなメリットが生じます。メンバーそれぞれが自分のかなえたい目標を持っていて、その足がかりとして現在の仕事をしている。上司もそのことを理解したうえで、どういう結果を出せばチームにとっても個々の社員にとってもプラスになるかを考えていく……そういう「夢を語れるチーム」「プラスの言葉を投げかけ合うことのできるチーム」は、業績の面でも会社に大きく貢献できるものだからです。

もちろん、そこで働く個々のメンバーにとっても、自分の夢や目標に着実に近づけるというメリットがあります。

もしあなたがリーダーやマネジメントの立場にいるのであれば、ぜひ、そういうチームを職場で築くことを目指してください。

●私たちも手伝います！

とはいえ、自分がリーダーやマネジメントではない場合には、会社内の組織をそのままメンターやバディの間柄にしていくのは困難でしょう。

その場合には、それ以外の人脈の中でバディやメンターを見つけていくのが現実的です。

たとえば、かつて佐藤富雄はセミナーや講演を自ら開催することで、多くの人々のメンターになっていました。今はそのお弟子さんたちの中から、新しいメンターがたくさん育っています。

そうしたコミュニティに足を運べば、バディやメンターとの付き合い方やその重要性を理解している人が多くいますから、理想の人間関係をより高い確率でつくれるはずです。

また、本書の著者であるシンペイとスティーブン自身も、今後メンターやコーチとしての活動を活発化させていくつもりです。巻末に記載してある私たちのウェブサイトを訪ねていただければ、私たち自身とあなたのバディ関係やメンター関係を始めることができるかもしれません。

実際に私たち2人は、これまでにも多くの後継者たちのメンターとなってきましたし、信頼できるバディをつくることも続けてきました。そのノウハウは今の日本に必要なものだと思っているので、ぜひ本書の読者のみなさんにも私たちのバディに加わっていただけたら、と思っているのです。詳細は、本書の巻末で確認してください。

もちろんどんな場所でも、必ずしも自分の望んだような出会いがあるわけではありません。しかし、自分から積極的につながりをつくり、自分のことを理解してくれる人々をネットワーク化していく意識を持っていれば、**どんな環境の人にでも、最適なバディは必ず見つかるはずです。**

大切なのは聞く力

バディを探したり、既存の友人などをバディにしようとする際には、「自分の夢や目標を恥ずかしがらずに発信する」ことが必要だと前述しました。これは絶対に必要なことですが、そのとき同時に「**相手の夢や目標を、口を挟まずに聞いてあげる**」ことも決して忘れないようにしてください。

むしろ、そちらのほうがずっと重要になるときもあります。

●自分だけ話している状態にならないように

これは特に、「身近な関係をバディに育てたい」場合には大切です。

人間関係に期待する人ほど、たいてい「自分のこと」しか話していないものです。相手からすると、一方的に相手の夢や目標を聞かされてばかりだと、その夢に対してワクワクしてきません。

自分にはこんな夢があり、相手にもこんな夢がある。「なら、お互いにこういう協力をすれば、一緒に夢がかなうよね」という関係を築くのが、バディ同士の関係として一番、理想的です。

自分ばかりが願いをかなえようとする状態では、そんなふうにはなりませんから、**自分が語った**

のと同じだけ、相手にも語ってもらうようにつねに意識しましょう。

●それなりに時間をかけなければ……

「自分がどんなに未来を語っても、相手から『こういうことをしたい』という反応が返ってこない」という場合もあります。

これはおそらく、その相手に対して投げかける言葉がまだまだ少ないし、相手に対して割いている時間もまだまだ少ないのでしょう。

たとえばシンペイは、これまで外資系の会社で何度もチームリーダーを任された経験がありますが、月に一、二度メンバーと飲みに行って話をするくらいでは、相手のことなど何もわからない、というのが実感です。

まずは自分から、自身についての情報を開示し、何でも話せる雰囲気をつくったうえで、「この人に自分の夢を話せば、実現への距離が縮むかもしれない」とメンバー全員に考えてもらう必要があります。「上司」などという存在でなく、自分がチーム全員のコーチであるかのような心構えでコミュニケーションに臨んでいます。

バディとの関係を深め、本当に親しくなりたいのであれば、それくらい時間も言葉も投資する必要があると理解してください。そうすれば、相手のほうも夢や目標を気軽に語ってくれるようになるでしょう。

●バディ同士の関係を長続きさせるコツ

バディ同士の関係には利害は存在しません。当然ながら、そこに金銭は介在しません。しかし、矛盾するようですが、相手にとっても何かプラスになる要素がなければ、バディの関係を長くは続けられないでしょう。

相手がバディになってくれたということは、あなたに一定の興味や共感、好意などを持っていて、貴重な時間を使ってでもあなたに付き合ってくれているということ。

あなたのほうでも、愛情や慈しみ、時間、前向きな言葉をふんだんに相手に提供し、相手の望みを聞き出す努力をし、相手が何でも気軽に話し合える関係という、プラスの要素をつねに提供するように心がけましょう。そうすれば、あなたのバディ関係は長続きします。

しかしながら、人間関係は複雑です。なかには協力関係から離れていく人もいるでしょうし、あなたが望む相手から、望むような反応が得られないこともあります。

それはそれで仕方がないことだと受け入れつつ、あらゆるバディやメンターから魅力的に思われるよう、自分自身もつねに成長を目指してください。

Chapter 5 まとめ

- 佐藤富雄が唱えた「前向きな内容の口ぐせの励行」は、ビッグトークの法則でも必須。3章や4章で紹介したさまざまな「自分との対話」のワークで作成した文章を、口ぐせのように読み上げるのがお勧めだ。

- バディとの会話でも、ふだんの会話でも、自分や相手に前向きなインプットを与える言葉「マジックワード」を意識して使うようにしよう。

- マジックワードを頻繁に使い、お互いの夢や目標について否定せず、恥ずかしがらずに語り合うのが「ビッグトーク」。そうしたビッグトークを行い、お互いに高め合えるバディは、既存の人間関係から育てていくか、新しい人脈から探すかすればよい。

- バディを探す場合には、自分の夢や願望を、あなたから先に話し始めること。いきなり相手の夢や願望を聞いて回っては、警戒されたり敬遠されたりしかねない。期待したような反応を得られる相手は多くないが、本気で夢を語る人には、数は少なくても必ず反応してくれる仲間が現れる。

Chapter 5 まとめ

- 同じ視点の高さで話し合うバディのほか、教えやアドバイスを請う関係である「メンター」との間にもビッグトークは成り立つ。ただし、メンターとあなたの間には上下関係はなく、あくまでも対等の立場であることには要注意。
- 配偶者や家族、職場の同僚や上司部下、友人、あるいはネット上の関係など、バディやメンターとのビッグトークはどんな人間関係においても十分成り立つ。
- 職場でビッグトークができる関係をつくろうとする際には、組織内での上下関係が入り込まないように気をつけたい。場合によっては、自らメンターとして振る舞う必要が生じることもある。
お互いが高め合う会話ができるチームは、業績面でも高いパフォーマンスを示す。
- ビッグトークでは、自分だけが話すことにならないよう、相手の意見を聞く姿勢を持ち続けることが大切。相手に前向きな言葉をかけ、時間も投資してお互いにプラスになるようにしよう。そうすれば関係が長続きする。

Chapter

6

恐れずに実行する

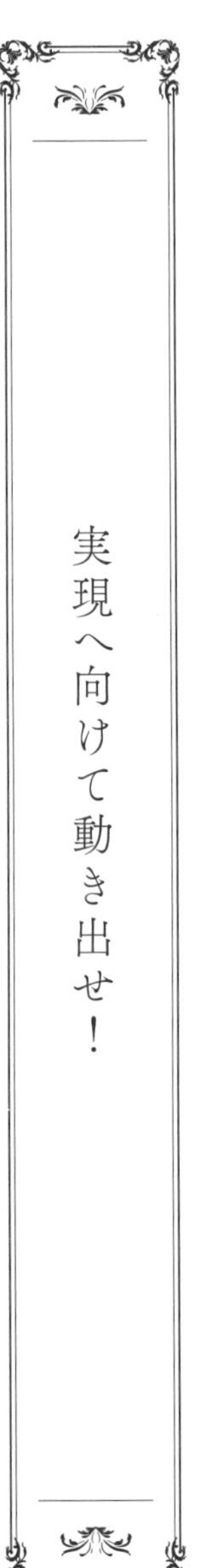

実現へ向けて動き出せ！

●学ぶだけ学んで、行動に移せないのはなぜ？

英語にBook Smartという言葉があります。本を読み、あるいはネットなどからさまざまな情報を得て、頭の中にすごくたくさんのノウハウが詰まっている。けれども知識ばかりで、実際の行動にはまったく移せない人を指す言葉です。世の中には、このBook Smartで終わってしまう人が多くいます。それはみなさんもよくご存じでしょう。

しかし一方で、私たちはなかなか実際の行動を起こせない人の気持ちもよくわかります。何かの知識を学んで、いざそれを実践したとしても、成功するかどうかはわかりません。知識量はすぐに結果が出ることを約束するものではありませんから、「いざ行動を」と言われても、そこに伴う困難を予測して、多くの人は実行をためらったり、あきらめたり、面倒に感じて実行しなかったり、あるいは少しだけ試してすぐにやめてしまう、といった残念な選択をするわけです。

本書を読んでいるあなたも、本やネットで何かを実現する方法を学び、「やってみようかな」とは思ったけれど、いろいろなことを考えてしまってなかなか行動に移せない、試してはみたけれど三日坊主になってしまった、という経験をたくさんしてきたはずです。

それはあなたの人格に欠陥があるとか、能力的に不足しているということではなく、実はもうワンステップ、行動へと移し、その行動を持続するための術を知らなかっただけです。

本気で何らかの行動、特に多少の困難が予想される行動を始めるにあたっては、私たちにはもうひとつ必要なアクションがあるのです。この6章では、それを紹介していきます。

●最初はとにかく続けることが大切

例として、「体質を変える」という目標とそのための行動を考えてみましょう。

これはシンペイが不治の病に冒され、治療の副作用でひどい姿になってしまったときに掲げた目標のひとつでもあります。少しでも強い肉体・体質に改善しようと、シンペイは定期的な運動を行い、筋トレに取り組み、さらにはさまざまなサプリメントの摂取を始めました。

このうち特にサプリメントについては、シンペイの父の佐藤富雄が栄養学の専門家でもありましたから、その教えを受けながら自分でも研究し、体質に合う最適なものを選択していきました。

20代の頃から毎日10種類以上、朝夕2回サプリメントを摂取するようになったのですが、その効果が目に見えて感じられるまでには、かなり時間がかかりました。特に最初の半年くらいは、正直、本当に効果があるのか大いに疑問で、飲むのをやめてしまおうかずいぶんと迷ったものです。

しかし今では、それらのサプリメントをやめることなどまったく考えられません。すでに自分の中では当たり前の食習慣となっていますし、健康な体を維持するためにも欠かせないものであると実感しています。運動や筋トレなどについても同様です。

あらゆる行動はこれと同じで、すぐに結果を求めるよりも、まずは習慣化するよう意識することが、大きな効果を手にするためのポイントです。

最初は「結果を出す」ことよりも、「続ける」ことで自分を評価していかねばなりません。

シンペイは空手を、スティーブンはレスリングをしていましたが、格闘技でも最初から相手に大技をかけられるはずがありません。初めは地道なトレーニングを行い、少しずつ基礎を学んでいくことで、初めて大きな技をかけられるようになります。

ただし、**私たちはどうしても、すぐに結果をほしがってしまいます。**

その心情をある程度満たしてあげるため、**何か新しいことに挑戦しようとするときには、「実感として成功を感じられる何か」を別に用意しておくことで、実行のステップで挫折してしまう可能性が格段に低くなる**ことを知っておきましょう。

「疑似体験」で先に結果を経験する

●結果の先取りでもっとリアルなイメージに

前項で述べた「実感として成功を感じられる何か」には、〝**目標達成時の疑似体験**〟が最適です。こうした「疑似体験」は、実は案外と簡単にできるものだからです。

たとえば、まだまだ駆け出しのビジネスパーソンだけれど、いずれは世界を相手にした大きなビジネスをしたい。ゆくゆくは自分の力で会社を起こしたい――そんな夢を持っている方であれば、外出中に休憩するとき、思い切ってビジネス街にある外資系高級ホテル内のカフェなどに行ってみましょう。

コーヒー1杯で1000円や2000円という価格がしますが、代わりに窓の外には街全体のパノラマや美しい庭園の景色が広がっています。耳をすませば、ピアニストが生で演奏しているピアノの音に混じり、外国人のビジネスパーソンたちが英語で商談している声が聞こえてきたりするでしょう。

ウェイティングスタッフの優雅な動きや、明らかにふだんの生活で接している人たちとは異なる客層は、「いずれ自分は、こういうところで日常的に仕事をするのだ」というイメージを自らの脳に刻み込むのに申し分ないでしょう。

あるいは「お金持ちになって、あこがれのブランドの服を着てみたい」と思っている人。ベンツでもポルシェでも「いつかあこがれの高級車を乗り回したい」と思っている人。遠慮することはありません。ブランドショップにでも、車のディーラーにでもまず行ってみればいいのです。

あなたには今は、それらを購入するお金はありません。しかし、気に入ったものがあれば買おうかな、といった顔さえしていれば、服は試着させてくれますし、車の試乗だってできるでしょう。

「買えないのがバレるかも」とソワソワしたり、店員の視線がやたらと気になったりするかもしれませんが、お店の人だって自社商品の購入を夢みている人をそうそう無碍にはしません。場合によっては「今はまだ買えないんですが、数年のうちには買いたいと思っています」と正直に言ってしまってもいいでしょう。それでもお店の店員さんは、あなたに商品を体験する機会をつくってくれるはずです。

なぜなら、実際に体験することによって「ほしい」という願望はますます強力なものになりますし、お店の側もそれをわかっているからです。2年後、3年後、あるいはもっと先へ向けての先行投資だと考えれば、売る側にとってもメリットは大きいのです。

また自社のファンをつくるということは、マーケティングやブランディングの面でも非常に大きな影響があるからです。

ちなみにシンペイが社会人としてのスタートを切ったときには、自らに「自分は必ず成功する」という暗示をかけるために、スーツをすべてテーラーメイドで揃えました。もちろん自分のお金で、です。おかげでその後の数か月間は、食料などの生活必需品以外まったく買えない生活が続きましたが、それによって実際にはまだ新人にすぎない自分が、有能なビジネスパーソンである、という根拠なき自信のようなものを手にできていたと思います。

●最初の一歩が踏み出せれば、二歩目はずっとラクになる

このように実際に「体験したこと」は、たとえ全体から見たらほんの一部を体験したに過ぎなくても、その後のあなたの行動に大きな推進力を与えてくれます。

疑似体験によって「快」の気持ちを存分に味わうことで、脳の自動目的達成装置は五感すべてで体験した感動を、必ずもう一度、実現させようと動き出します。脳内で描く目標達成後のイメージもよりリアルになるでしょう。

目標達成後の未来を疑似体験することは、未来の成功の一部を先取りするような行為であり、そ

れによって実行や挑戦に伴う困難を遠ざけてくれます。

将来、住みたいと思っている場所に実際に行って、ウィークリーマンションなどを借りて数週間でも暮らしてみる。なりたい人物のイメージに合う人にアポをとって、取材として話を聞いてみる……「初めの一歩」を踏み出すための手段は、アイデアしだいでいくらでも考え出せるでしょう。

いずれにせよ、**疑似体験によって「とにもかくにも第一歩を踏み出した」という既成事実をつくってしまえば、次の第二歩はずっとラクになります。**

であるならば、第一歩のハードルを思い切り下げて、取り組みやすい疑似体験によって「すでに動き出した自分」を演出するように意識してください。

これが、実行や実践をためらってしまう人の背中を押す、最適な方法だと私たちは考えています。

「ロールプレイ」で成功モデルになり切る

●身近な「尊敬できる人」を真似してみよう

別の人物になり切って、あるいは別のシチュエーションにあると仮定して、その人がその場でするだろう言動を練習したり、問題点の考察をしたりする手法を「**ロールプレイ**」と言います。

ビジネスの現場では、このロールプレイの手法はセールストークやプレゼンテーションの練習をするのによく使われています。セールスパーソンと顧客、あるいはプレゼンターと聴衆といった役割配分をしたうえで、それぞれの立場になり切って架空のビジネストークを行い、話術の習熟や問題点の洗い出しなどに使うことはよく知られているでしょう。

これと同じ調子で、**自分が抱いている夢や目標を達成したあとの人になり切って、その場合にとるであろう言動をふだんからとってみる**のも、結果を先取りするという意味では有効です。

もう夢や目標の達成をしている人物ならば、張りのある声で自信溢れる感じで話すだろう。緊張することもなく、誰とでも堂々と話し合えるはず。背筋も伸びていて姿勢もいいだろう……こんなふうに、達成後のイメージをより具体的に脳内で描く助けになりますし、実際にそのような言動をとることで、セルフイメージが変わって現実のほうを引き寄せる助けにもなります。

とはいえ、そんなに簡単に「別人になり切る」ことはできません。

コツは「なり切る姿」をより具体的にすること。たとえば「できる人になり切ろう」とするよりも、「仕事ができる先輩のAさんになり切ろう」とか、「若き日の社長をイメージしよう」といった形で、**現実のモデルを設定したほうがロールプレイは実行しやすくなります。**

シンペイの場合は、何と言っても父の佐藤富雄をずっと見てきましたから、ロールプレイでも「父ならどうするだろうか?」ということをよく考えます。

病気のことがありますから、生涯を通じてクルージングやハンティング、スキーなど運動やレジャーに積極的に取り組んでいた佐藤富雄の生活をそのまま真似ることは難しいのですが、特に意識しているのは「父だったら、こんなときに何と言うだろうか」という、使う言葉についてのロールプレイです。

シンペイの持つ父の記憶は、まだ作家や講演家になる前、ある外資系企業で役員をしていた頃のイメージが強いです。当時、彼は意図的にポジティブな言葉（前述したマジックワード）を多用し、相手を褒めることに関してはまさに天才的でした。逆に相手の失敗を責めることなどは、まったくと言っていいほどありませんでした。

シンペイ自身が職場ではリーダー職になっている現在、そうした佐藤富雄の人との接し方、言葉の選び方をつねに思い出し、真似をしながら日々の仕事に取り組んでいます。

「あの人だったら、こんなときに何と言うだろうか」というロールプレイのモデルには、**身近な人以外の、現実にはまったく接点がない偉人やあこがれの人を設定することもできます。**

困難に陥ったとき、坂本龍馬なら何と言うか？　織田信長なら何と言うか？　スティーブ・ジョブズなら何と言うか？

必ずしもモデルにする人についてよく知らなくてもいいのです。常識的な範囲の知識で十分でしょう。それでも、たとえば大きな困難を乗り越えたことで有名な人の思考を借りれば、自分も困難を乗り越えられそうな気がしますし、偉大なイノベーションを成し遂げた人になり切れば、自分も新しい挑戦を達成できそうな気になるものです。苦しいときでも坂本龍馬なら、明るい言葉で未来を見据えるでしょう。スティーブ・ジョブズなら、大失敗をしたときでも部下を鼓舞するはずです。

実際にこうしたロールプレイは、政治家やアスリートなども多く実践していることが知られています。ほかならぬ佐藤富雄のライフスタイルも、大文豪であるアーネスト・ヘミングウェイの「なり切り」をしたことで形づくられました。

ロールプレイは、行動を起こそうとするときのメンタル面を整え、スムーズに実際の行動につなげていくのに非常に適した方法です。まずはあなたも「自分は、誰のようになりたいだろう」と考えてみてはいかがでしょうか？

●できなかったことも、真似ることで可能になる

ロールプレイのいいところは、頭の中で考える思考だけでなく、体全体のふるまいをとおして、脳の自動目的達成装置のスイッチをＯＮにできることです。

たとえ頭の中でうまく言語化できていなくても、脳が動作や行動を覚えていれば、人間は自動的にイメージしたとおりの行動を行います。

スティーブンの場合、この効果を日々行っている自社スタッフへのアドバイスに活かしています。

実はスティーブンは、どちらかといえば内向的な性格で、人と話すこともあまり得意ではありま

せん。それでも「社長」という役割（ロール）を演じるロールプレイに集中したことで、多くの会社を起業し、そのほぼすべてを成功させています。

そして、**ずっとある役割（ここでは「社長」）を演じていれば、しだいにそれが自分のもうひとつの人格のようになってきて、本来の自分の性格も引きずられて少しずつ変わり、内面で感じるギャップもなくなっていきます。**

ロールプレイを続けることによって、スティーブンは内面的にも「社長」になっていき、社長として振る舞ったり、人と話したりすることにも、苦手意識や違和感がなくなっていったのです。

最近ではTEDなどの動画サイトで、世界中の有名な講演家や学者、経営者などのプレゼンが見られるようになっています。あるいは日本人の誰かが講演している様子や、俳優やタレントなどが人前で話している様子でもかまいません。とにかく自分のお気に入りの人物がパフォーマンスしている動画を見つけて、そのしぐさをよく観察してみましょう。

そしてその人がよくする動作や癖のようなもの、話の仕方のパターンなどを記憶したら、何かの機会で自分が人前で話すとき、その人のしぐさを真似てロールプレイしてみるのです。

真似た人物の知名度や特徴にもよりますが、その様子を見て「あの人は、○○さんの真似をしている！」などと気づかれることはまずありません。それなのに、ロールプレイをしているみなさんの高揚感は大いに高まるでしょう。

「まるで、自分があこがれの人物になったような気がする！　しかもその人物になり切って、ふだんならうまくできない人前でのプレゼンをこんなに上手にこなしている！　今、自分はなんてすごい体験をしているんだろう！」と。

こうした「快」の感情は、必ずみなさんの脳の自動目的達成装置に残りますから、脳は目標を達成させるために、そのときと同じ動作をするよう、あなたの体に何度も要求します。

結果、同じような動作が無意識のうちに自然に実行されるようになり、それが続くことで、いつのまにか従来の動作と融合して、新たな自然な動作がつくられていくのです。

●まずは形からダメモトで挑戦！

そもそも「学ぶ」という言葉は、「真似る」というロールプレイの方法論から生まれたものだと言われています。

ロールプレイを徹底した芸術に、日本の古典芸能である「能」があります。その能の大成者である世阿弥が、室町時代に書いた『風姿花伝』という本を読むと、対象となるものをまず徹底して真似ることの重要性が、真っ先に説かれています。

お姫様でも、武将でも、僧侶でも、とにかくその対象になり切って、心が融合するくらいに動作をロールプレイすることが、よい演技をするには重要だとされているのです。

真似ることで、私たちは立場や状況に応じた行動をとれるようになります。

不安に押し潰されそうなとき、苦手な人と対処しなければいけないとき、あるいはここ一番の勝負に緊張し切っているとき……誰かになり切ってしまえば、弱い自分が抱いているネガティブな感情を遠くに押しやることができます。

まずは形からでもいい。しぐさからでもいい。ダメモトでロールプレイを試してみる価値は、大いにあるでしょう。

●モデルにする人物は何人いてもＯＫ

ロールプレイで使うロールモデルは、必ずしも1人である必要はありません。

たとえばシンペイは、父である佐藤富雄のほかに、複数人のロールモデルをつねに思考のポケットの中に入れています。

プレゼンやスピーチをするときには、アメリカの歴代大統領やマーティン・ルーサー・キングなど、有名なスピーカーをそのポケットから取り出します。

またピンチのときや困ったときであれば、イチロー選手のような世界のトップアスリートを心に思い浮かべて、ロールプレイをします。

仕事でチームのモチベーションを上げる必要があるときには、サッカーの名キャプテンやバスケットボールの名ヘッドコーチなどになり切ります。

ふだんから興味を持った人を研究し、それぞれの特徴をつぶさに分析しているため、何度もロールプレイしているうちにうまく真似られるようにもなっています。

逆にスティーブンの場合は、ロールモデルに実在する人物を選ぶことはあえてせず、架空の存在を設定しています。

理想的なビジネスパーソン像、経営者像を自らの想像であらかじめつくり上げ、その架空の人物ならこういうときはどう判断するだろう、こういうときにはどんな反応をするだろうと、つねに自問自答を重ね、いざというときにはその理想像になり切っています。

実在の人物でなくてもよいのですから、ロールモデルは映画やアニメのキャラクターでもかまいません。

自分の性格や状況に応じ、マッチするモデルを探し続けてください。

実際にロールプレイしてみて「自分には合わないな」と思ったら、そのロールモデルとはお別れすればよいだけです。

繰り返しとなりますが、ロールプレイでは初めのうちは、まさに「演じている」感覚です。しかし、長く続けることでそのキャラクターが自分の一部になっていきます。ロールモデルがゆっくりと自分とシンクロしていき、いつしか理想としていた言動や行動が当たり前のものになります。

雲の上の存在だと思うような人物であったとしても、ロールプレイでなり切ることを続ければ、少しずつその人物に近づけます。

あなたは、どんなあこがれの対象にもなれるのです。

それを想像するだけで、ワクワクしませんか？

「ジャーナル」で自分の限界を超える

●日々の行動の記録と自己評価

実際に行動を起こしていく段階では、「記録をとっていく」行為が重要になることをすでに何度か解説しました。

私たちはそうした行動の記録を、「**ジャーナル（Journal）**」と名づけています。夢の実現に向けたプロジェクトにおける「日誌」や「日報」のようなものと考えていいでしょう。

「ジャーナル」はまさに「記録」ですから、短い言葉で必要なことを書いていくだけで結構です。中心となるのは「どんなことをしたか」。同時に、付随するいくつかの要素を記録していきます。

①行動……どんな行動をしたか？
②感想……何を感じたか？
③評価……行動に対する評価

④コミットメント……次の段階への自分との約束

まず【①行動】は、本当に些細なことでもかまいません。先に述べた「疑似体験」でブランドショップに行ってみたのであれば、「銀座のエルメスに行った」などと書けますし、「鏡の前でマジックワードをつぶやいてみた」程度でも、十分に「行動」としてカウントできるので記録しておきます。

【②感想】は、行動したあとの達成感や充実感をしっかり言葉に表しましょう。高級な時計を買いたいのであれば、お店でそれを手にしたときの重みであったり、それがどれほど素敵であったかなどを、少し誇張気味に書いておくくらいでちょうどいいでしょう。

【③評価】は、自らの行動に対する自分自身の評価です。あとからも述べますが、ここでは必ず「褒めること」が原則です。どんなに小さな行動であっても、「本当にオレってすげえな！　実際よくやったよ！」というくらいに、自分に対する〝褒め殺し〟をするのが理想です。

【④コミットメント】は、「次にどうするか？」です。「次は店員さんにもっと話しかけてみよう」とか、「次はどこどこのブランドのショップに行こう」などと、決して「反省」を書くのでなく、新しい行動のアイデアを書くようにします。

ジャーナルの記入例

202X/11/22

amazonを利用して、体脂肪率も測れる
体重計を購入した。**【行動】**

- 少し高かったけれど、これから本格的にダイエットに取り組むためのパートナーだと思えば惜しくない。**【感想】**
- 目標に向けて行動できた自分は無条件で偉い。**【評価】**
- 今日から毎日、風呂に入る前に計量して、スマホで記録をとっていく。近所のジムがいくらかかるか調べて、いくつか見学する。オフィスに入るとき、エレベーターではなく階段を使ってみる。**【コミットメント】**

202X/11/23

職場で階段を使った。
風呂に入る前に計量できた。（30g減！）**【行動】**

- オフィスのある3階まで階段で上がるのは結構きついが、登り切ったときに充足感があった。体重を測ったら少しだけ減っていて嬉しかった。**【感想】**
- 2日めも実行できて、オレはすごい！**【評価】**
- 計量を確実に習慣化する。週末、忘れずにジム探しをする。痩せやすい食事についても調べ始める。**【コミットメント】**

⋮

●夢への推進力が加速する

こうしたジャーナルを細かく残すのは、**行動したあとの「気づき」をその後の目標達成に確実に活かすため**です。

あなたの行動は、ほかの人から見れば小さなことかもしれません。けれども当人にとっては、実際に夢の実現に向かって動き出したステップのひとつであり、ものすごく大きな意味を持ちます。

そのときどきに感じた感動や実際に行動したあとの感覚、気づきなどを「ジャーナル」に細かく記録しておけば、あとから読み返したときに何度でもその感覚を追体験できます。

自分が現実を動かしたときの「何かがカチッと変わる感覚」に戻り、「あのとき、私はこう思ったんだ」「あぁ、こうだったな」と振り返ることで、さらにその先のステップへと意欲が湧き上がるでしょう。

こうした追体験によって、脳にあるRASにも強いスイッチが入り、次のアクションへの大きな推進力をつくれるはずです。

たとえば、わかりやすい例としてダイエットに関する行動を考えてみます。

目標を「5キロ痩せる」ということに設定し、その第一歩として「明日から週に2回ウォーキングする」と決めたとします。

そして、実際に1回めのウォーキングを実行したら、忘れずに「ジャーナル」を書きます。やると決めたウォーキングを、実際に行うことができた。その事実に対して、自分がどれだけすごかったか、感想や評価とともに「褒め殺し」気味に記載します。さらに、2回めのウォーキングへのコミットメントも記載しましょう。

この時点では「5キロ痩せる」という目標はまだ達成されていません。しかし、第一歩を踏み出せたことを意図的に過大評価した記録を残すことで、脳の中にプラスのイメージが刻み込まれます。そのイメージが次の一歩への後押しをしてくれるので、予定どおりに2回めのウォーキングも実施できるでしょう。場合によっては「週2回と決めたけど、もう今日もやっちゃおうかな」などと、継続へ向けた力がさらに大きくなることもあるはずです。

行動を続けることに疲れたときには、これまでの関連のジャーナルを読み返すことで、それぞれの行動をしたときの感覚を追体験でき、目標に向けてあきらめずに行動し続ける助けにもなるでしょう。

なお、決めた行動ができなかったときには、「今日はこういうことがあって実行できなかった」などと簡潔に事実のみ記録し、感想や評価などのマイナスの振り返りはしないようにしましょう。

そのうえで、「また明日からやろう」などと、少しずつでもゴールに近づくコミットメントを記録し、マジックワードなども使って次は行動に移せるよう自分を盛り上げてください。

●音読すればさらにパワフル

2章でも紹介しましたが、シンペイがジャーナルを書き始めたきっかけは、ナポレオン・ヒルのオーディオブックで「夜寝る前に、その日に感謝したことを思い出し、書き出すだけで幸福感が上がる」と知ったことからです。そこから、自分たちなりにアレンジすることで現在のジャーナルのスタイルになっています。

書き出す出来事は何でもよく、そのときの感謝・感動を反芻（はんすう）することでRASに強力なスイッチを入れていきます。「夢に向けて実際に動いた感動」を最高の養分にすることで、脳の自動目的達成装置の力を最大限にまで引き出します。ジャーナルをつけるのは非常に簡単ですが、目標に向かって動き出したあなたのエネルギーを効果的に増幅してくれる有効な手段なのです。

さらには、**ジャーナルを書いたあとその記述を音読すると、目標達成の効果はもっと大きくなります。**寝床に入ったときに小さな声で読むだけでもかまいません。自分への褒め言葉は少し恥ずかしく感じるかもしれませんが、自分の声で脳に「快」の言葉を流し込むことができ、夢や目標の実現に大いに役立ちます。

ジャーナルは毎日書いて、毎日見直す

●小さな行動なら毎日できるし、している

ジャーナルの趣旨はわかる。けれども、これを「できるだけ毎日書く」と言われたら、難しさを感じる人が多いでしょう。

たとえば「あるブランドの高級バッグを手に入れる」と決めて、「よし、行動しよう！」とそのブランドのショップに行ってみたとします。その日は第一歩の行動に対し、①〜④までのジャーナルをすぐに記録できるでしょう。

では、次の日はどうしますか？

何か新しい行動を起こさないと第二歩へは移行しません。「毎日毎日、新しい行動を起こすなんて、とてもじゃないけど無理なのでは？」と感じる人が多いのもある意味、当然です。

しかし、そんなふうに厳密に考えなくてもいいのです。

前日の「ブランドショップに行った」という行動に対して、今日は忙しくて、会社に行って返ってくるだけの1日になってしまった。それならそれで、まったくかまいません。

目標達成に向けたこれといった行動が何もできなかったとしても、目標達成に少しでも近づくために、ちょっとしたスキマ時間などに実行できる小さな行動はたくさんあります。

目当ての高級バッグについていろいろと妄想する。テレビや雑誌などでその商品が出ていないか探してみる。インターネットでその商品を検索する。出てきた情報を読む。あるいは目標達成を早めるためのビッグトークをする。そのためのバディを探す。さらに言えば、目当てのバッグを買えるだけの資金を貯めるために一生懸命働く……といったことまで、意識して探してみればとれる行動はいくらでも出てきますし、最後の例のようにすでに行動していることさえあるはずです。

それらの行動のうち、何かひとつでも抜き出して当面の目標にし、実際に行動して「私は今日も最高の1日を過ごした！」と〝過大評価〟することが大切です。

「次にやるべきことを考えた」というだけでも、それも大きな前進なのです。

恋愛や結婚の例でも考えてみましょう。前にも述べたように、「理想のパートナーに出会う」という目標は、「ダイエットで体重を減らす」などの目標とは違って、自分が目標達成に近づいているかどうかがよくわからない課題です。

それでも、「情報収集をした」とか「SNSで自分についての発信をした」とか、何かしらできる行動はあるわけです。

「勉強をする」「運動をする」「仕事を一生懸命にやる」「他人を喜ばせることを熱心にやる」「料理をする」などなど、あらゆることが「理想のパートナーに出会う」という目標につながっています。

あなたが女性ならば、「今日は残業して、上司に命じられた経理事務の仕事を締切りまでに終わらせた。仕事を完璧にこなすのだっていい女になる条件。将来のダンナさんが経営者だったら、経理は私が補佐してあげよう！」なんてコメントをジャーナルに残すこともできるわけです。

自分への評価についても、「アイライナーの角度をちょっと上げていたのを、1ミリ下げてみた」「それだけで自分の雰囲気・表情がすごく変わった」「前より優しく見えるようになった」といった感じで、いくらでも小さな行動を見つけられますし、それによって自分を持ち上げることもできるはずです。

●つねに結果が出るから、続ける助けになる

「いや、それって、かなり微妙な評価なんじゃない？　意味があるの？」と思うかもしれません。

しかし、大いに意味があります。また、こうした小さな行動を評価していかないと、実際にはなかなか夢や願望の実現には近づいていかない、重要なステップでもあります。

人間には、「結果」が出ていないと自己評価をしにくいという性質があります。

けれども仕事にしろ恋愛にしろ、人生を通じて実現したい夢や願望、目標などに関しては「目に見えて結果が出る」ことのほうが少ないものです。

たとえば仕事の能力が「日々、成長しているか？」と問われれば、昨日よりも今日、今日よりも明日、自分が成長しているとは、多くの人は実感できないでしょう。

けれども「入社前の自分」と「今の自分」とを比べてみれば、長い月日が自分を成長させていることを確実に実感できるはず。日々の歩みは小さく、認識しにくかったとしても、目標を掲げている限り人は必ず前進しているものです。

そうした「小さな前進」に気づき、意識して認識していかないと、結果をすぐにほしがる私たちは途中で待ち切れなくなって挫折してしまいます。本当はあともう少しがんばれば壁を乗り越えられるのに、希望が持てなくなって直前で達成をあきらめてしまう人は多いのです。

ジャーナルの最大のメリットは、こうした挫折を防げることです。

日々、目に見えるような結果が出ていなくても、毎日の習慣として小さな行動を探し、自分を評価することで、第一歩の達成感が増幅し、継続して二歩め、三歩めを踏み出しやすくなるのです。

仲間と記録をシェアしてさらに実現に近づける

ジャーナルで自分の行動を細かく記録し評価することで、成果が見えにくい困難な目標も、私たちは自分を鼓舞しながら達成できるとお伝えしました。

けれどもジャーナルには、さらに効果的な活用法があります。

すでに私たちは、自分１人だけで目標を達成するのでなく、信頼できるバディやメンターをつくると目標達成がより容易になることを知っています。**バディやメンターと「ジャーナルの内容をシェアする」ことで、私たちはお互いに協力しながら、励まし合って夢を実現することもできる**のです。

●バディやメンターとのビッグトークで話題にしよう

シンペイとスティーブンについて言えば、当初からジャーナルの内容をシェアしていたわけではありません。その方法論自体はあとになって開発したものだからです。ただし、少なくとも成功体験については、早い段階から分かち合っていました。

いや、正確には「成功体験」ではないかもしれません。むしろ「こんなことをやってみたけど、うまくいかなかったよ」といった〝失敗体験〟のほうが多かったかもしれません。とはいえ、少なくとも目標の達成に向けてどんな行動をしたのか、その結果どうなったのかについては、早い段階からシェアするようにしていました。

それぞれに異なる分野で夢や目標を追い求めていた私たちは、相手の話を聞いては、「よくやったじゃん！」などとお互いに褒め合ったのです。

「オレ、今回はこういう挑戦をしようとして、失敗しちゃったんだよね」
「そうなんだ。でも、すごいね。よくそういうチャレンジをしたと思う」
「何ごとも経験だよね。でも、今回の失敗で学んだから、二度と同じミスはしないよ」

そんな話をよくしていました。

⦿自分を飾ることなく、ありのままの行動をシェアする
⦿お互いのチャレンジを肯定し、相手の行動にブレーキをかけない
⦿失敗したときも、その中で「よかった点」を見つけ、褒めるようにする
⦿それぞれが自分の目標と向き合うための時間をつくることを重視し、互いの時間を奪うことをしない

こうしたルールで行動や体験の共有、つまりはジャーナルの共有を続けていけば、お互いに助け合いながら成功に向かっていけます。

ジャーナルの中のコミットメント、つまり「次に何をするべきか」についても、バディやメンターと情報をシェアしていれば「次、こういう行動はどうだ？」とか「ここに行ってみては？」などと情報や提案をもらうこともできるでしょう。

もちろん相手によっては、「これは話したくないな」とか、「今、このチャレンジだけは胸に秘めておきたい」というものもあるでしょう。それらについては、自分だけでジャーナルを運用すればいいのです。

シェアするときの形も、ミーティングして発表する場を設けてもいいし、仲間内でグループメールをつくったり、さまざまなコミュニケーションアプリを使う手段もあるでしょう。みんなで話し合って、いちばん楽しいやり方ができればそれでＯＫです。

Chapter 6 まとめ

- 学ぶだけで実行できないBook Smartにならないためには、新しいことに挑戦しようとしたときの不安や面倒臭さ、自分への言いわけ、あるいは始めてすぐにやめたくなる気持ちなどのハードルを越えるだけの〝勢い〟を、意識的につくる必要がある。それには、「小さな成功を感じられる何か」を用意すればよい。

- 夢・目標の達成後の疑似体験をすることで、願望実現のための第一歩を踏み出せる。気軽に試せるうえに、それ自体が小さな成功体験になる。また、願望達成後のセルフイメージの具体化にも貢献するので、脳の自動目的達成装置をより効果的に動かせるメリットもある。

- あなたの夢や目標をすでに達成している身近な誰かをロールモデルとし、その人になり切って振る舞うロールプレイも、実行へのハードルを乗り越えるのに大変効果的。ロールプレイを長く続けていると、最初は演じていたものが、しだいに自分の血肉となり、「本来の自分」の一部となっていく効果もある。

Chapter 6 まとめ

- ロールプレイのモデルとする人物は、知り合いでなくてもいいし、偉人などの歴史上の人物でもいい。あるいは、自分で設定したキャラクターや物語の登場人物などでも問題ない。複数人を設定してもかまわない。

- 実際の行動を起こし、その行動を維持するためには、3章でも紹介した「ジャーナル」をつける習慣も重要。目標達成に向けての大きな行動から、日々の小さな行動まで意識して探したうえで記録し、それらについて自分を褒めて鼓舞していく。それにより、毎日の小さな成功と長期的な成長のどちらも認識できるようになる。行動へのモチベーションが上がり、挫折を防ぐと同時に、脳の自動目的達成装置もより効果的に働くようになる。

- ジャーナルの内容をバディやメンターとのビッグトークの中でシェアし、お互いに認め合ったり励まし合ったりすることで、あなたの夢や願望はさらに実現しやすくなる。

Chapter

7

夢の実現のその先へ

夢の本質を理解していれば途中であきらめない

●誰だって持っている「不可能を可能にした経験」

いよいよ「ビッグトーク」も最後の章になります。

みなさんはすでに、自分とのコミュニケーションを行い、バディやメンターをつくってビッグトークを行い、ジャーナルによって最初の行動を次のステップへと続けていくノウハウを学びました。

あとはこのビッグトークの法則をあきらめずに続けさえすれば、あなたのどんな夢や願望、目標も達成・実現できます。

しかし、現実には夢や目標を達成している人が少ないのは、多くの人が挑戦を最後まで続けられないからです。**続けられないのは、要するに「途中であきらめてしまう」から。**

人は「できない」と感じることをなかなか続けられません。今歩んでいる道の先に夢の実現があるとわかっていても、どこまで続ければゴールに到達できるのかは誰にもわかりませんから、達成の一歩手前で挫折してしまうのです。

もし、今あなたがそんな迷いの最中にいるのであれば、私たち全員が困難を乗り越えて目標を達成する力を持っていることを、まず思い出してほしいと願います。

生後1歳くらいの赤ちゃんを考えてみてください。お子さんがいる方はご存じでしょうが、男の子も女の子も、健康であればだいたいこのくらいの時期に立ち歩きを始めます。

ただし赤ちゃんの立ち歩きはすぐにできるわけではありません。何かにつかまって立てるようになってから、何度も転んだり、頭を打ったり、尻餅をついたりして、およそ1か月から3か月くらいかかって、やっと歩けるようになるのです。その間にいったい何度、失敗を繰り返すのか……想像もつきません。

歩くことは当たり前のことのようにも思えますが、そもそも立って歩いた経験のない赤ちゃんには、自分の体の筋肉をどう使っていいのかがわかりません。転べば痛いですし、怪我をすることもよくあります。すべてが未体験の世界で、きっとものすごく怖いのではないでしょうか。

けれども、どれだけ転んでも、どれだけ泣いても、立って歩くことをあきらめる赤ちゃんはどこにもいません。

どれだけ痛い思いをしても、赤ちゃんは必ず立ち上がってもう一度挑戦します。そして失敗の中から少しずつコツをつかんでいき、最後には「1人で立って歩く」というゴールに到達するわけです。

すごいなぁ！　……なんて感心していてはいけません。

障害などで歩けない人を除けば、これを読んでいるあなたも、実際に赤ちゃんの頃に同じ経験をしているのです。だからこそ、ほとんどの人は大人になった現在、立って歩くことができています。

つまり、**もともと私たち全員が「あきらめずに続ける力」を持っている**のです。

もし今、何かをあきらめようとしているところなのであれば、自分の本来の力を信じてもう少しがんばりましょう。

あるいは今、あらゆることが中途半端で終わってしまっているのであれば、本来の「あきらめずに続ける力」を脳のどこかで眠らせてしまっているだけですから、それを再び引き出して、果敢に挑戦すればいいだけです。

●魅力的な未来ならあきらめない

赤ちゃんが初めて立って歩こうとするときの話に戻ると、いったいなぜ、そのときの私たちは「立って歩きたい」と思ったのでしょう？

もちろん当時の記憶を憶えている人はいません。半ば本能だったのでしょうが、それだけの苦労をしてでも、「立って歩くことで手が届くようになる世界」に魅力を感じていたはずです。

よちよち歩きのときよりも、自分で行ける範囲がずっと広くなるし、行動の選択肢もかなり増えます。

「立って歩くことで手が届くようになる世界」は、そのときの私たちにとっては未知の世界だったはずですが、非常に大きな魅力に溢れていたのでしょう。だからこそ私たちは、何度も打ちのめされ泣きわめきながらも、「その世界に踏み出したい！」と挑戦を続けたわけです。

私たちが今、目指している未来の世界が、赤ちゃんにとっての「立って歩くことで手が届くようになる世界」ほどの魅力に溢れていたなら、おそらく私たちはどんな困難があっても、挑戦をあきらめることなく続けられるはずです。

逆に言えば、挑戦を続けられずあきらめてしまうときには、目指している未来の世界の魅力がそこまではなかった、というケースが意外に多くあります。

「成功する」「独立する」「結婚する」「豊かな生活を手に入れる」などなど、多くの人が掲げる夢や願望、目標は、それぞれの人にとっての夢の世界です。一国一城の主である経営者の世界、既婚者の世界、年収1億円の世界などなどですが、それらが赤ちゃんにとっての「立って歩くことで手いるでしょう。

けれども現実には、赤ちゃんのときに「立って歩きたい！」と思ったほどには、そこに魅力を感じていないことがあり、その程度の夢では実現しない場合も往々にしてあるのです。

●あなたの夢の本質は？

重要なのは、**自分の夢の本質を把握すること**です。

世の中に流れている雑多な情報に影響されて、あなた自身の夢の本質を見誤り、「偽りの夢の世界」を追い求めている人は想像以上に多くいます。

たとえば「結婚する」ことを目標に掲げている人は多いでしょうが、世の中には「幸福ではない夫婦」はいくらでもいるわけです。自分の両親を思い浮かべ、「そういう家庭をつくりたいか？」と問われたら、「別に、いいかも……」と思う人も大勢いるでしょう。

だとすると、あなたが「結婚したい」という目標を掲げた理由は何なのか？

「もういい歳だから」とか、「友達が結婚したのが羨ましいから」なんていう〝ワクワクしない理由〟の場合には、何度もうまくいかない経験をするうちに、どうでもよくなってしまうのも当然です。

「結婚したい」という表面的な願望をもっと掘り下げることで、自分が手に入れたい本当の夢の世界はどんなものなのかを、つねに自問自答するようにしましょう。

たとえばそれは「未知なるライフスタイル」なのかもしれません。あるいは「理想のパートナーと一緒に、人生の最期まで、さまざまな場所に旅行ができる未来」とか、「子どもたちを育て、自分が望む理想的な家庭を残す未来」、「いつまでも愛情に溢れ、笑いが絶えない生活（自分の両親はそうではなかったから）」などなど、人の数だけ夢の世界のイメージがあるはずです。

そして、あなたの心を揺さぶるその未来のイメージこそが、あなたの願望の本質であることが多いのです。

それは言葉ですぐに定義できるものではありませんが、ジャーナルを振り返り、自分の願望を反芻するとき、このイメージをいかにリアルに再現できるかが、挑戦を長期的に続けられるかどうかを分けます。

目標への努力を続けるためには、最初に願望を思い描いたときの感動を、いつまでも鮮明に再現し続ける工夫が必要になるのです。

●写真・イラスト・動画なども活用する

そのための工夫として、**写真やイラスト、動画などを活用する方法**があります。

仕事の目標でも人生の目標でも、とにかくあなたの本質的な願望を実現したときのイメージに近い写真やイラストなどを探し、それらをジャーナルに資料として挟み込んでいく手法です。雑誌ならば該当の画像を切り抜き、本ならばコピーし、ネット上のデジタルデータについてはプリントアウトするなどして集めていきます。動画については、クラウド上に保存しておくのがお勧めです。

購入したい高級品、行きたい場所などであればそのものの画像でいいですし、「なりたい人物」に近いモデルを見つけたら、その人の画像を保存しておくのがいいでしょう。

そのほか、「いいな」と思った写真やイラストなどをその都度、資料に加えていけばいいだけです。

資料を探すこと自体を「目標達成への行動」としてジャーナルに記述するのもいいでしょう。記録したときの気持ちもコメントに残しておけば、あとから振り返ったときに感動を追体験するヒントになります。バディやメンターともシェアして、「それ、いいね」なんて認めてもらっておくのもいいでしょう。

楽しく挑戦すればするほど、感動を大きくすればするほど、目標は実現しやすくなるものです。自分が望むものの本質を、可能な限り掘り下げていきましょう。

さらに先の未来をイメージし成功後のリバウンドを防ぐ

夢や目標を掘り下げる際には、「願いがかなったあとはどうするのか？」と、さらに先の未来を自分に問うことも必要です。

●ダイエットすること自体が目的ではない

わかりやすい例として再びダイエットを挙げます。「10キロ痩せる」などと目標を立て、厳しく食事制限をして、激しい運動をして、なんとか早いうちにこれを実現する人はいます。

しかし残念なことに、そのうちのかなりの人が数か月後、半年後にはリバウンドして、元の体重に戻ってしまいます。過酷な挑戦に成功した人ほどリバウンドもしやすいと言えるでしょう。

自動目的達成装置に「10キロ痩せる」という目標は入力されていても、「その体重をキープする」という目標が設定されていないのですから、それも当然です。

「10キロ痩せる」という目標しか存在しなければ、達成したあとはどうなっても関係ありません。達成できた喜びと、今まで自分を抑えてきたこととの反動で、気がついたら暴飲暴食をしてしまい、あっという間に体重が戻ってしまった、という事態もありうるわけです。

大事なのは、「10キロ痩せる」という当面の目標を実現した、その先の未来まであらかじめイメージしておくことです。

「10キロ痩せたあとは、今よりももっとアクティブになって、アウトドア関連の趣味を持とう」「外見が格好よくなるから、プレゼン力も鍛えて社内で注目される存在になるぞ」「これで異性にモテるようになる。いろいろな場に出かけて恋人をつくるぞ！」

達成することにワクワクする目標や夢の本質は、「痩せること」よりもむしろこちらにあるはずです。「それをこれから実現するんだ！」と思えば、ダイエットは単なる通過点です。暴飲暴食をして、リバウンドすることなどありえません。

●最初から「身のほど知らずの夢」を心に描こう

実は「成功したい」とか「お金持ちになりたい」といった目標も、このダイエットの例と似たような側面を持っています。

すでに述べたように、ある分野で成功して巨万の富を得たあと、一転して破滅への道をまっしぐらに進んでしまう人は少なくありません。ギャンブルに手を出す人、借金をしてまで無駄遣いに手を出す人、薬物に手を出してしまう人、信頼できる仲間に恵まれない人、離婚を繰り返してしまう人……。アーティスト、アスリート、経営者に政治家などなど、多くの成功者がいったん成功したあとに転落している事実は、ニュースなどでもよく報じられています。

こうした事態の要因は、結局は「成功して、富を得たあと」のイメージをなんら頭に思い描いてこなかったところに帰結します。

せっかく得たお金も、自分が欲する遣い方がわからなければ、ムダなところに支出するしかありません。あれもこれもとあらゆるものを購入して、それでも心の平穏は得られません。お金の遣い方がさらに分不相応なレベルになっていくだけです。

加えて、**どんな成功をしたにせよ、達成感を味わえるのは数日から最長でも1か月程度**です。その先の目標を見つけられなければ、追いかけるもののない人生は非常にむなしいものになっていくでしょう。

こうした事態に陥らないためにも、当面の目標とする成功のさらに上のレベルの目標を、最初の目標を設定する時点ですでに想定しておくことが求められるのです。

それはお金だけでは達成できず、しかも実現が難しく、無限の挑戦を余儀なくされるような崇高な目標であればあるほど適切です。そうしたスケールの大きな夢や願望に目を向けることも、大事なのです。

●限界を超えた未来を想像してみる

私たちが未来のことを想像するとき、その想像は必ず、私たちが過去において見聞きしてきたことを土台にしています。矛盾した表現ですが、**未来のイメージはいつでも過去の世界の印象を引きずったものになる**のです。

そのため実際に体験する未来は、事前に想像していた未来よりもつねに刺激的であり、新鮮であり、想像を超えるものになります。

どんな小さなことでも、私たちは夢や目標を実現したときには、今までに立ったことのないステージにいるのです。だからこそ絶えず考え方や将来のイメージを更新し、「今日、到達したところからさらに先にある世界」を見定めていかねばなりません。

それができないでいると、私たちはずっと過去の思考や習慣に縛られてしまいます。するとどうなるかといえば、「燃え尽きる」のです。10キロ痩せたことを何も活かせないうちにリバウンドしたり、経済的な成功で得た巨万の富を一転して失ってしまうように——自分がこれまで一生懸命に取り組んできたことが、まるでどうでもよかったことのように転落してしまう人が世の中には大勢いますが、それは「燃え尽き」が原因にあるのです。

実際、特にビジネスの分野では頻繁に転落が起こります。

アントレプレナー（起業家）が自身で興した会社を大成功させると、その会社を売却して何億円、何十億円というお金が一度に懐に転がり込んでくることがあります。「オレってすごい！　ついに大金持ちになったぜ！」と、脳内で興奮物質のアドレナリンが出まくり、ものすごい偉業を達成したような気分になります。

スティーブンはそうした人たちに何人も接してきた経験があるのでわかるのですが、しかし、そんなすごい成果でも、当初の達成感や興奮は2～3週間くらいしか続かないのです。

確かに口座にお金は入金されているし、人生でお金に苦労することはもうないのかもしれない。もう、生涯働かなくても十分に生きていける……それなのに、しだいに満足感どころか虚脱感に襲われるようになるものです。

「自分が夢見たゴールの〝あとの世界〟って、こんなものだったの？」

高い確率でそんなふうに感じる日が来るのです。

見事に大金持ちになった人が、すぐに宝石や高級車などの浪費に手を出す気持ちもよくわかります。巨大な家を建てようとする人、たくさんの人や芸能人を呼び出せることを周囲に示してマウントをとりたがる人、なかには本当に札束のプールに浸かる人までいます。

「お金を儲けて、人が羨む成功者になった」という事実を目に見える形にしたくて、あらゆる華美なお金の遣い方をするのですが、結局のところそうした行為で心を満たすことはできません。
達成直後の興奮が落ち着いてしまえば、私たちがすぐに思い描ける範囲内の新たなゴールなど、それくらい「つまらないもの」でしかないのです。

対策は簡単で、**もっと先の未来の理想を、自分が思い描けない範囲まで果てしなく広げてみること**です。

たとえば19世紀のスウェーデンに、武器として使える火薬の技術を開発したことで莫大な富を手に入れた科学者がいました。なりふりかまわないビジネスを展開し、経済的には大成功した彼ですが、世間からは「武器商人」と軽蔑され、気難しい性格もあって生涯独身でその人生を過ごします。

晩年になって、そんな自らの人生を後悔した彼は、最後に自分では想像もつかない未来に対して投資することを決めました。自分の資産のほとんどを投じて基金を創設し、「毎年、人類の発展や平和に対してもっとも寄与した科学者に、そこから支援金を提供する」という途方もないアイデアです。

いったいどんな研究が、どんな功績がのちの世で表彰されることになるのか、それは彼にはまったくわかりません。しかし、「自分の稼いだお金が、どれだけの奇跡を世界に起こすだろうか？」と、彼は最高にワクワクして生涯を終えたのではないかと思います。

彼の創設した賞、すなわちノーベル賞は、現在も世界中の科学者が目指す頂点の功績となっています。

みなさんも、目標達成のさらに先の未来を、これくらい大きなスケールでイメージすることを目指してください。

偉人レベルの夢を掲げよ

●100億円あったら、あなたは何に遣いますか？

シンペイは子どもの頃、スティーブンが「100億円を儲けるぞ」と言っていたのを覚えています。

「なんで100億円なの？」と問うと、スティーブンはこんなふうに答えました。

「だって100億円あったら、いろんな人を助けられるじゃん！」

金額はともかく、スティーブンにとって「成功する」ことは、「可能な限りたくさんの人を助ける」こととイコールだったわけです。

その夢には限界などありません。生きている限り成功し続け、大勢の人を助け続けることで、スティーブンの夢は果てしなく続いていきます。

本当の成功者とは、ビジネスで成功する以上の大きな目標に向かって進み続ける存在です。

たとえばビル・ゲイツやウォーレン・バフェットが、ビジネスで成功したあとは慈善事業に多大なエネルギーを傾けていることはよく知られています。

ただし、そんなふうに「お金を寄付に回すこと」だけが、より大きな目標に近づくための手段ではありません。

たとえばテスラ社などのCEOとして知られるイーロン・マスクは、もともとIT分野で起業して成功したのですが、その分野で成功すると今度は電気自動車の会社をつくって業界を一変させることに挑戦。それにも成功すると、今度は「スペースX」というロケットの会社を立ち上げて、民間初の宇宙ステーションへの連絡手段を開発したのです。彼のプロジェクトには日本人の野口聡氏なども宇宙飛行士として参加していますから、ご存じの方も多いでしょう。

そんなふうにあらゆる事業で、自分が夢見たように世の中を変えることが彼の目標になっているのです。イーロン・マスクのチャレンジがいったいどこまで続くのか、興味が尽きません。

かつての日本にもそんな人がいました。

2020年の大河ドラマで取り上げられ、新紙幣の肖像画にも選ばれた渋沢栄一です。

渋沢は莫大な負債を抱えつつ、銀行、ガス、鉄道、保険、製紙、セメント、ホテル、紡績、ビール、東京証券取引所、商業学校（のちの一橋大学）、病院……などなど、とにかく「それまでの日本に不足していた事業」を創設し続けました。それはお金儲けのためではなく、「日本を欧米に並ぶ国にする」ことが彼の理想でした。

例として挙げてきた人たちを見れば、みな、目先の目標の実現にはほとんど執着していないのがわかるでしょう。

到達点などなく、ひとつの夢が実現した頃には別のもっと大きな夢を心に描いており、果てしなく目標の到達点は先へ遠ざかっていきます。

そのためにいつまでも夢が終わらないのですが、その状態こそが楽しいのでしょう。

最初から自分に限界など設定してはいけません。固定観念に縛られず、今は思いついてもいないことが未来になったら考えられるのだと信じること。世の中で、自分が大きなことを成し遂げられると信じることです。

また、**成功を自分だけのものととらえないこと**です。

自分がこの世に生まれてきた理由、「使命」を意識することが大切だと思います。

●私たちが今、思い描いていること

私たちも現在、より大きな夢を見据えてライフワークとなる活動を展開しようとしています。

それはマイノリティーだったり、バリアや悩みを持っている人のためになる活動をしたい、というもの。あるいは将来、起業を希望している人や、ビジネスを成功させたい夢を持っている人たちのアシストをすることです。

同じ夢を持つ人たちをバディとして集め、コミュニティをつくっていきたいとも思っています。

そうした夢にたどり着いたのは、シンペイが障害者であることとも無関係ではありません。シンペイと同じような境遇にある人にとっての道標のひとつになれたら素晴らしいと考えていますし、そうした立場の人たちにもっと活躍の機会を与える助けになれれば最高です。

こうした私利私欲を超える夢や目標は、自分たちだけの成功を考えるよりもずっとやりがいがあり、モチベーションも尽きることなく湧いてきます。

そして、こうした「身のほど知らずの夢」を私たちが設定できたのは、やはりバディとのビッグトークがあったからです。

「できる・できない」ではありません。私たちは子どもの頃から「こんなことをしたいな」「こんなことができたらいいな」ということをお互いにずっと話し合ってきました。会話ができないときにはメールで、最近ではSNSなどでも、とにかく思いついたアイデアは何でも、シンペイとスティーブンは自由に話し合っています。

ときにはそこにお互いの家族が入ったり、昔からの信頼できる友人が入ったりと、ビッグトークのコミュニケーションはどんどん拡大してきました。

大人になると、人はたいてい「大きな夢」を語らなくなります。

いい歳をしたおじさん、おばさんが大真面目で「夢」を語るのは恥ずかしいから？

厳しい現実に向き合って過ごしてきたせいで、「自分が何かを実現できる」可能性を信じられなくなっているから？

その理由は、正直なところ私たち2人にはよくわかりません。

しかし、幸いにも佐藤富雄の影響を受けてきた私たちは、誰にはばかることなく夢を語り、「それは面白い！」「すごいな、お前！」などとお互いの発想や行動をひたすらに褒め合ってきました。間違っても「そんなこと実現して、意味があるの？」とか「それ、得にならないじゃん」などと小さなことは言いませんでした。

みなさんも、私たちのようにいいバディに恵まれれば、自分1人だけの「達成したら嬉しいこと」を越えて、「世の中のため」とか「世間を驚かす」などのより大きな夢や目標を抱けるはずです。

理由は単純で、**そのほうが「面白い」から。**

ひとつの夢にみんなが同調できるし、それぞれがそれぞれの夢をひとつの目標に組み合わせていけます。

結果、夢や目標は当初考えていたものよりずっと大きくなるのですが、決して実現がしにくくなるわけではありません。

すでにみんなの夢になっているから、簡単にあきらめて終わることもありません。困難に遭遇しても、みんなで解決策を考えていけます。**1人の満足で終わらず、大きな夢を思い描けば描くほど、かえって実現しやすくなる**のではないでしょうか。

「ビッグトーク」を始めたみなさんには、ぜひともこの段階まで進んでほしい、と私たちは願っています。

その夢が私たちだけの夢ではなく、あなたにとっての夢にもなりますように。

シンペイとスティーブンは、ともにそう願っています。

Chapter 7 まとめ

- 赤ちゃんが立って歩くことを決してあきらめないのは、「立って歩くことで手が届くようになる世界」にワクワクしているから。同じように、自分の夢の本質を把握し、その先の世界のどこにワクワクしているのかを認識すれば、途中で挫折することなどなくなる。
- 本質的な夢のイメージは言語化しにくいことも多い。その場合には、イメージを固めるために写真やイラスト、動画などの画像を資料として集めるのも効果的。
- 「夢を実現したあとにどんな未来にしたいか」まで早めに考えておくこと。そうしないと、目標を達成したあとに虚脱感に襲われ、元の不幸な状態に戻ってしまうことも多い。
- 夢を実現したあとの未来には、よりスケールの大きな夢を抱きたい。自分のためだけではなく、より幅広く世のため・人のためになるような壮大な目標を掲げよう。夢の実現には、終わりなどない。
- もちろん、その壮大な夢もバディやメンターとビッグトークで共有し、みんなで励まし合って実現を目指していくべし。

ビッグトークの法則（Big Talk Method）

① 達成したい願望や目標のカテゴリーを作成する（6つのカテゴリーを参考に）

▼

② カテゴリーごとに達成したい願望や目標を考える

▼

③ 願望や目標ごとに、それを達成したい理由・しなければならない理由をいくつか考える（最低3つ）

▼

④ 願望や目標を達成したあとの自分の姿を具体的にイメージする

▼

⑤ それぞれの願望や目標について、いつ達成するかのタイムラインを設定する

▼

⑥ すぐにできる具体的なアクションを設定して、実行する

▼

⑦ アクションに対する、小さな成果を記録していく

▼

⑧ 願望や目標を達成できなかったときの「みじめな自分」を想像する

▼

⑨ 願望や目標ごとに、自分はなぜそれが未達成になるのを回避したいか考える

▼

⑩ 目標達成をあきらめかけている自分へのエールを作成する

▼

⑪ 願望や目標について、直近1年間で何をしたいかをイメージする

▼

⑫ 1年間の目標が達成できたことで、来年はどんな自分になっているかを想像する

おわりに

本書を最後まで読んでいただいて、本当にありがとうございます。
ここまでに解説してきた「ビッグトークの法則」で、夢の実現のためにあなたがすべきことを前ページの図にまとめておきました。迷ったときにはこの図を確認すれば、今あなたが何をすればよいのかひと目でわかるでしょう。ぜひ参考にしてください。

そのうえで、最後に次の言葉をあなたに贈ります。

It's YOUR LIFE! **（あなたの人生は、あなたのものです！）**

目標を思い描くことも、仲間をつくることも、うまくいったかどうかはともかく、どちらもこれまでの人生であなたが普通にしてきたことでしょう。
しかしビッグトークの法則を知ったこれからは、「自分と向き合うこと」により多くの時間を費やし、その都度、言葉で成果を記録に残していきます。これまで以上に自分を評価していくことが求められます。

あなたにとってこの世で一番大切なのは、ほかならぬあなた自身です。その〝あなた自身〟を、これまでのあなたは軽んじてきたし、しっかりとした評価をすることもありませんでした。

一度しかない人生の中で、あなた自身が動かなければ人生は好転しません。あなたの人生であり、あなたの時間であり、あなたの思考なのだから、もっと自由に、思い切りビッグに考えて、より緊密に自分自身と語り合ってください。

この自然にしても、世界にしても、宇宙にしても、不必要なものは何もないと私たちは信じています。

無駄なものはありません。絶対に何か理由があって存在しているはずです。

けれども日々の出来事の中では、少し哀しかったり、寂しかったりすることもあるでしょう。もしかしたら金銭的にすごく困っている人もいるかもしれないし、すごく悩んでいる人もいるかもしれません。あるいは人間関係の面でつらい思いをしている人もいるかもしれません。

今は不幸な状況にあり、強いフラストレーションやストレスがあったとしても、必ずそこから抜け出せますし、克服できますし、人生を好転させられます。

もっと自分を好きになれますし、未来に対してワクワクすることも可能です。

世の中にはいろいろなバリアがありますが、特別な人間だけが幸福感や満足感を得られるのではなく、それは、誰にでも手にできるものなのです。

不安やフラストレーション、ストレスなどから目を背けるのではなく、どのような未来・将来・人生をつかみたいのかを真剣に考えてください。


私たちのメソッドはとてもシンプルです。

自分がどんな人生を送りたいのか、ぜひ自問自答を繰り返してください。その結果、「やってみるべきだ！」とあなたが判断したなら、ビッグトークの法則は必ずや、その願望達成を助ける最高のツールになるはずです。

あなたの夢の実現と、限りない幸福を心からお祈りしています！


（終）

あなたの「ドリームライフ」へ向けて
さらに一歩進むお手伝い

本書で提唱したビッグトークの法則を実践し、「大それた夢」を実現しようとする読者のみなさんの挑戦を、著者の私たちは継続的にお手伝いしたいと考えています。

以下の特設サイトでは、メールマガジンや関連セミナーの情報など、日々の自分やバディとの対話でつまずきかけたとき、あなたを励まし、夢や目標へと挑戦し続ける助けとなる情報へのアクセスを豊富に用意しています。

また、互いに率直なビッグトークを交わすバディやメンターをなかなか探せない、という状況にある方のために、そうしたリレーションづくりのお手伝いも行います。

さまざまなハンディキャップやコンプレックスなどの障壁（バリア）を取り除く手助けもしたいと考えています。

ビッグトークの法則をいざ実践しようとする際には、ぜひ訪れてみてください。

https://www.brightup.co.jp/

※上記ウェブサイトは、本書の著者・シンペイ サトウ氏とスティーブン メディロス氏が運営するBRIGHT UP株式会社が独自に提供するものであり、その内容について本書の出版元である株式会社すばる舎は関知しておりません。サイト内の内容について株式会社すばる舎にお問い合わせをいただいてもお答えすることはできませんのでご注意ください。／上記ウェブサイトは事前の予告なく公開を終了したり、内容を変更したりする場合があります。株式会社すばる舎は、それらの変更を理由とした書籍の交換や返品には応じませんのでご注意ください。

著者略歴

シンペイ サトウ（Shimpei Sato）

人はどんな困難や逆境にも打ち勝てるチカラを持っています。
大切なのは、自分と向き合い、未来をデザインすることです。

20歳のときに不治の病「ベーチェット病」を患い、全盲または視力のほとんどを奪われると宣告される。視力が日に日に奪われるなか、自己啓発の分野と出会い、世界中にある自己啓発の本を「聴く」ようになる。以後、言葉の力を活用することで、障害者でありながら、学業、キャリア、リレーションシップ（人間関係・恋愛・結婚）など、さまざまな夢と目標を実現。「ビッグトーク理論」の骨格をつくる。困難を抱えている人がそれを克服し、理想の人生を実現することをアシストするのが、自身のミッション。父親は脳科学者であり、数多くの自己啓発書で知られる佐藤富雄。

Profile

1975年、東京生まれ。セントメリーズ・インターナショナルスクール卒業。上智大学、明治学院大学、ボストン大学法科大学院修士課程修了。外資系企業の要職を歴任、主にコンプライアンスを担当。リーダーの育成、能力開発、意識改革、チームビルディング等を得意としている。外資系企業に勤めるほか、作家、スピーカーとしても活躍する。

著者略歴

スティーブン メディロス（Steven Medeiros）

誰でも成功者になることができます。
必要なのは、成功者のマインドセットと行動力を身につけることです。

10代の頃、裕福な家庭に育つ同級生に囲まれ、いつしか経済面に対するコンプレックスを抱える。コンプレックスを起爆剤に、成功者や富豪に相応しいマインドセットについて学ぶ。言葉の力を活用して、成功者に相応しい強靭なセルフイメージと行動力を身につけ、実践。
大学を卒業後、外資系金融機関勤務を経て、24歳で起業。物販、ファッション、飲食等のビジネスを次々と立ち上げる。主に、日本、アメリカ、ヨーロッパに拠点を置く企業とともにビジネスを展開し、成功を収める。現在は、富豪となり、アントレプレナーや経営者、富を得ることを願っている人々のメンターとして、成功の実現をアシストしている。

Profile
1976年、東京生まれ。アメリカ人の父と日本人の母を持つ。セントメリーズ・インターナショナルスクール、メリーランド州立大学卒業。ファッション等のビジネス展開を経て、現在は作家、経営コンサルタント、IT系企業の経営、投資家として活躍。佐藤富雄を第二の父親と慕い、シンペイとは実の兄弟のように育つ。成功を妨げるバリアを取り除き、一人でも多くの成功者を生み出すことを自身のミッションとしている。

メンター略歴

（ビッグトークの法則の一部となっている「口ぐせの法則」の提唱者であり、本文中でも何度もメンターとして触れている佐藤富雄についても、参考情報として経歴を掲載いたします）

佐藤 富雄（トミオ サトウ／Dr. Tomio Sato）

人間の脳には、言葉にしたことを実現する「自動目的達成装置」が備わっています。

医学、農学、生理学の博士号を持ち、心と体の制御関係について研究。特に大脳、自律神経系と、人間の行動と言葉の関連性から導き出した「口ぐせ理論」が話題を呼び、2000年代の初めには自己啓発の理論家として絶大な人気を誇った。『あなたが変わる「口ぐせ」の魔術』『大富豪になる人のお金の使い方』『運命を変える大きな力がもらえる本』など、その著書は100冊を超え、「口ぐせ理論実践塾」など全国各地で講演やセミナーを行った。経営者、講演家、作家など、数多くの著名人に影響を与え、女性の生き方改革への貢献、ウォーキングや「人生100年時代」をにらんだアンチエイジングの普及など、残した功績は数知れない。熱海、北海道、銀座に住居を所有し、70代にしてクルージング、ハンティング、スキー、バイク、カメラなどの多彩な趣味を楽しむライフスタイルは、多くの人々が憧れる目標となった。

Profile

1932年北海道北見市生まれ。東京農業大学、早稲田大学卒業。
法政大学大学院経営学修士課程修了、東京農業大学大学院博士後期課程修了。スピール・ハーレ大学（ルーマニア）教授、ルーマニア名誉領事。医学博士、農学博士。主に2000年代に作家、アントレプレナー、生き方健康学者として活躍。2012年11月にその人生を終えた。

ビッグ トーク
BIG TALK

「大それた夢」も現実にする言葉の習慣

2021年11月24日　第1刷発行

著　者
シンペイ サトウ ／ スティーブン メディロス

発行者
徳留 慶太郎

発行所
株式会社すばる舎
〒170-0013　東京都豊島区東池袋3-9-7 東池袋織本ビル
TEL 03-3981-8651（代表）／ 03-3981-0767（営業部直通）
FAX 03-3981-8638
URL https://www.subarusya.jp/

印　刷
ベクトル印刷株式会社

落丁・乱丁本はお取り替えいたします

ISBN978-4-7991-0977-9